インセスト幻想

人類最後のタブー

原田 武

INCEST TABOO

人文書院

目次

インセスト幻想——人類最後のタブー

装幀　倉本　修

序章　インセストの禁止と侵犯

俺は呆れて物が言えない、人間だと思えばこそ話もするが其の様な禽獣には何もいうことは無い、彼等は禽獣に等しいものだ、蠅なんて奴は高貴な人の前でも戯れるようなものだ、そんなものと真人間と一緒にされて堪るものか。

——島崎藤村『新生』

インセストタブー、その広さと強さ

人間社会を取り巻くさまざまのタブーのなかで、最も強力にして普遍的なのが近親者を性行為の対象とすることを禁じるそれであることはまず異論がないであろう。一〇人の人類学者に、人間の普遍的な慣行を一つだけ示すように求めるなら、そのうち九人までが近親姦の禁止をあげるだろう、と高名な文化人類学者エドマンド・リーチはいう。『近親性愛と人間愛』の著者ロバート・スタインによれば、「人間の共同体のもつ構造的特徴のうちで、原始的な段階から最も洗練された現代文化へと人類の歴史を通して根本的に変化しないものはインセストタブーだけ」（小川捷之訳）なのだ。

実際、インセストを禁忌とすることは文明の発達段階とは無関係である。ニューギニアに近いトロブリアンド諸島の原住民の生活を詳しく調査したマリノウスキーによれば、子供の出生が性行為に由来することを知らず、ほかの点ではかなりの性的自由を享受している島民たちにおいてさえ、インセストは口にすることすらはばかられる禁止事項である。原住民の話によれば、かつては近親姦の露見は一般には自殺という形での、当事者の死を意味したという（『未開人の性生活』）。オーストラリアの原住民アボリジニーのあいだでも、家族間の性愛や結婚が厳しく禁じられていることは、早く社会学者ウェスターマークによって調査された（『人類婚姻史』）。フロイトが『精神分析入門』で述べるように、インセストの禁圧はむしろ、文明化から遠い民族において強固なのだ。ポリネシアでもミクロネシアでも、子供たち同士が性関係に陥らないような配慮をめぐらす部族は多いといわれる（松園万亀雄編『性と出会う』）。

血縁関係の濃淡の差はあれ、身内の者との結婚を悪とみなす習慣は、人間性に内在するといいたいほど、交流や伝播の作用とは無関係に、地球上にあまねく行き渡っている。『法の精神』でのモンテスキューの言葉を引けば、「台湾の住民に四親等の血族との婚姻は不倫であると教えたのはローマ人ではない。それをアラブ人に語ったのはローマ人ではない。彼らはそれをマルディヴ人に教えもしなかった」（上原行雄訳）のである。

時代の変化とともにもろもろの禁忌の拘束力が緩み、同性愛の忌避などいまや無きに等しいのに、インセスト行為の与える違和感、嫌悪と恐怖の感情はさして揺らいでいないようだ。同じように強固なタブーであるカニバリズム（人肉嗜食）が、非常事態での緊急避難としてならまだ許せるのに、親と子が、兄弟姉妹が性的に交わるなど、社会の根幹をなす家族制度の否定という点だけからいっても言語道断という気がする。倉橋由美子はこれを「性生活のなかでの陰微な悪性腫瘍」と呼んだ（「インセストについて」）。

「近親相姦」（このごろは「近親姦」がふつうだが）という字づら自体が、すでに何ともおぞましい。それは今なお人々の目に秘中の秘であり、陰惨にして低劣な、密室での醜悪事であり続けている。英語で「マザーファッキング」といえば、「見下げ果てた」とも「吐き気を催す」とも訳すべき最低の罵り言葉である。おおやけの席でインセスト行為を話題にするのは、厳粛なお葬式で駄洒落を飛ばすほどの白けた雰囲気を覚悟することであろう。

岸田秀がうまく説明するように（「近親相姦のタブーの起源」）、他の社会的禁止と異なり、このタブーばかりは人類のあいだで深く内面化されて個人差がなく、実行はおろか、その欲望を意識することすら許されないのである。

英国教会の創始者で、生涯に六度結婚したことで有名なイギリスのヘンリー八世が二番めの妃アン・ブーレンを離縁したのは、彼女にインセスト実行者との非難を浴びせることによってであった。フランス革命期の恐怖政治のもと、最左翼の「狂犬」ことジャック・エベールが、タンプル塔に投獄された王妃マリー・アントワネットが十歳の王太子、すなわち即位せずに終わった王ルイ十七世と醜関係にある旨、不当な告発をしたことも歴史に名高い。このとき、法廷に立たされた王妃の「私はこの場におられるすべての母親の判断に委ねます」との冷静かつ毅然とした対応に、いつもは罵声が飛びから民衆席まで静まりかえったという。インセスト疑惑とは人を葬るための最も効果的な、たちの悪い誹謗である。彼女はこれを、うまく切り抜けたのであった。

近親姦のことを、日本では「畜生道」とか「親子たわけ」などと言い習わしてきた。英語やフランス語は、ラテン語の incestum（「不敬な」「恥知らずの」）から来る。ドイツ語の Blutschande はもっとおどろおどろしく「血の冒瀆」の意味である。

制裁と刑罰

一九八三年三月、『女性自身』に「性の解放・ついにここまで！ 近親SEXを政府が公認！」と題する記事がでかでかと掲載されたことがあった。しかし丹念に読んでみると、スウェーデンで、これまで刑法上の犯罪であったインセスト行為がもう罪に問われなくなったということにすぎない。

近代国家において、近親間の婚姻については、むろん法律上何らかの規制を受けるのが通例である。日本では民法第七三四条から七三六条で、婚姻できない親族の範囲が定められている。だが、暴力や児童虐待と結びつかない限り、だいたいにおいて、インセストの行為自体は処罰の対象として扱わないのが近来の傾向だと思われる。一九七九年当時、アメリカのいくつかの州で刑罰が残っていたといわれるが（ヴァージニアでは五〇〇ドルの罰金あるいは一年の懲役、カリフォルニアでは一年から五〇年の懲役など）、日本では明治以来これを罰する規定が無く、フランスではもっと早くナポレオン法典からすでに特別な犯罪とはみなされていない。

処罰の条項が廃止されるまで、スウェーデンではインセストは親子間だと二年、きょうだい間では一年の懲役に値し、発覚すると、全員、判決前に精神医学的な検査を受けるきまりであった。スウェーデンすなわち性解放の国との連想が働くにしても、「近親SEXを政府が公認」とはやはり言い過ぎの感が強く、一九八三年時点での犯罪扱いの撤廃は、近代国家としてはむしろ遅いとさえいえる。

しかし、人類の長い歴史のなかで、近親間の性愛がどれほど厳しい処罰を受けてきたか、空恐ろしいばかりである。インドネシアのバリ島で、問題の男女がみつかると四足で地面に這いつくばって、ブタに与える米のとぎ汁を飲まされた、など軽い部類にすぎない。多くの民族では、当事者の二人は大きな袋か篭に入れられ、石を付けて海中に投じられた。罰金を払ったうえで、浄めの儀式として犬の内臓を生で残さず食べなければならなかったところも、公衆の面前で鞭打たれ家屋・財産を破壊された部族もある。ロール・ラゾンによれば（『インセストの謎』）、ヨーロッパではカトリック教会の圧倒的な権威のもとで、罪を犯した男女双方に発動者と犠牲者の区別も認められず、男は絞首の、女は生き埋めの刑に処せられる定めであった。情状を酌量して刑が軽減されることはあったようだが。

教会の禁圧が由緒ある地方貴族をも容赦しなかったことは、フランスでアンリ四世治下に起こった有名なラヴァレ家の事件でわかる。このノルマンディーの旧家に生まれた兄ジュリアンと妹マルグリットとの激しい愛がいつか世間の知るところとなる。二人は裁きにかけられ、最後は王の裁定によって、一六〇三年十二月二日、パリのグレーヴ広場で処刑されるのだ。二人には自分たちの罪への悔恨も、この世への未練も無かった。妹はどんな抗弁もせず、ただ兄を誘惑したのは私です、とだけつぶやいたといわれる。この事件のあと、一家は昔ながらの姓を捨て、断絶同様の憂き目に会った。

この出来事をもとにして、バルベー・ドールヴィイは詳細な調査に基く、感動的な短篇「歴史の一頁」（一八八二）を作ったが、もっと以前、エリザベス朝の劇作家ジョン・フォードの『あわれ彼女は娼婦』（一六三三）もまたラヴァレ家の兄妹をモデルにしているとされる。これは少しも古さを感じさせない、痛切な禁断の愛の悲劇である。

付け加えておけば、この戯曲はメーテルランクによって『アナベラ』（一八九五）の名でフランス語に移され、最近では『さらば美しき人』（一九七一）としてイタリアで映画化されたこともある。事件の衝撃は今日にまで尾を引いているのだ。

日本についていえば、九二七年に完成された延喜式《えんぎしき》にある規定が最初の禁令であろうか。ここでは、獣姦や身体・死体の損壊などと並んで、「己が母犯せる罪」「己が子犯せる罪」が「国津罪《くにつつみ》」として禁止される。これらが神々が忌み嫌い、その怒りを招く汚穢《おえ》とみなされていたからであった。

江戸時代には、八代将軍吉宗当時の「公事方御定書《くじかたおさだめがき》」（一七四二）がある。「養母、養娘並に姑と密通致し候者」でさえ「男女共獄門」（さらし首にすること）とある。現に、これに先立つ貞亨四年（一六八七）にも、柏村源兵衛なる武士が姑との密通で訴えられる事件があった。訴え出たのは源兵衛の妻。関係を持った両人は「法外なる密通」の当事者として、ともに浅草で斬首、獄門となった。

この時代のインセストの事例は、氏家幹人の『不義密通・禁じられた恋の江戸』に詳しい。元禄時代に、どんな血縁関係か、京都の粟田口で磔《はりつけ》にかかった二人の男女を目撃したドイツ人の旅行家ケンペルの記録もある。

だが、血の繋がらない姑・婿の関係ですら死罪に問われるのに対して、同じ「公事方御定書」で、「姉妹、叔母、姪と密通致し候者」が「男女共遠国非人手下」つまり遠国《おんごく》で非人頭の配下にするとあるのは、刑としていささか軽いのではないかとの思いを禁じえない。当時は人妻の単なる不倫でも、男女とも極刑に処せられていたのである。それとも、僻地に追いやられて動物なみの最下層の身分に身を落として生きる、その死にも等しい屈辱や苦難が「畜生道」に落ちた彼らにふさわしいというのであろうか。

しかし文化二年（一八〇四）、仙台城下の衣服商の娘たえが「許婚ある身にもかかわらず実の兄と密通いたし候間」、兄妹とも磔にして槍で刺し殺された、との記録がある。実際には、禁令以上に厳しい刑罰が行なわれていたのであろう。

「公事方御定書」では母子姦、父子姦への言及はない。氏家がいうように、これらはむろん許されたのではなく、破倫も甚だしいこんな行為が論外だと判断されたためであろう。

近年、各国でインセストの法的な取締りが姿を消していくのは、人間の自由の範囲が広がり、同性愛のような性的偏向を問題にしない最近の傾向と合致するであろうし、こんな禁止条項がえてして空文になりやすいという事情もあろう。当人の合意で行なわれる密室での秘事は、発覚も立証もきっとなかなか困難であろうから。それとともに、インセストごとき一般の嫌悪感をそそる行為の禁止は、あえて明文化を要しないという理由もいくらかは内在しているのかもしれない。

何しろ、ことインセストに関しては、たとえ血の繋がりが無くても、相手を肉親のように感じとるだけで、欲望が萎えてしまうという反応だってありうるのだ。フローベールの『感情教育』（一八六九）では主人公フレデリックは小説の終りへきて、積年の思慕がまさに叶えられようとするその瞬間になっても、憧れのアルヌー夫人を抱くことができない。「一種の反発、近親姦のおそれといったもの」を感じたからである。水上勉の『越前竹人形』（一九六三）の青年もまた、妻がかつて亡父と親しい娼妓だったことを意識するあまり、性関係を結ぶ気になれない。フレデリックと同様、彼女のうちに、どうしても「母」を感じてしまうのである。

逆に、川端康成の『千羽鶴』（一九五二）がいいようもなく背徳的な、妖しい雰囲気を醸し出すのは、主人公が亡き父の愛人とも、その愛人の娘とも交わるからであろう。父の愛人が一種の母であることに加えて、血縁の無い仲であっても一人の男が母娘の両方と関係を持つこともまた、インセストのイメージを引き起こしやすいのである。

かくも多くの侵犯者たち

しかし、これほどの禁忌の網が張りめぐらされ、嫌悪感にすっぽり包まれているからといって、近親間の性愛の事例が無視してよいほど稀だということには決してならない。むしろ心理的にいって、強い拒否の背後に執拗な欲求が働いていることは珍しくない。心惹かれていなければ拒否するまでもなく、侵犯の可能性が絶無であれば、強固な禁止で臨む必要は無くなる。嫌悪感にしても、開き直った当事者にとっては、逆転して快楽となってもおかしくない。もともと、どんな形であれ、性行為は醜悪さと切り離せないものだ。

果たして、ネロ皇帝とその母アグリッピナ、シャルルマーニュ大帝とその妹、チェーザレ・ボルジアと妹ルクレチア、ベアトリーチェ・チェンチと父フランチェスコ、アナイス・ニンと父ホアキン、木梨軽皇子《きなしかるのみこ》と同母妹軽大郎皇女《かるのおおいらつめのひめみこ》、小野篁《おののたかむら》とその異母妹、島崎藤村と姪の島崎こま子……。有名人に限っても、昔から、近親者と深い仲に陥ったとされるケースをあまた列挙することができる。事の真偽が確かめられないケースがしばしばではあっても。

このうち、フランスのラヴァレ家の事件に肩を並べる悲恋といえば、日本では木梨軽皇子と軽大郎皇女のそれであろうか。『日本書紀』巻十三によれば、第十九代允恭《いんぎょう》天皇の長男、皇太子軽皇子と次女軽大郎皇女の恋が露見し、兄は捕らえられて、流刑人として伊予国に連れ去られる。残された妹は兄を慕って有名な一首を詠む。

君が行き日《け》長くなりぬ山たづの　迎えを行かむ待つには待たじ

彼女はその後軽皇子を追って、苦難の果てに伊予に渡り、最後は二人して死を選んだというのである。皇子は日本で最初の流刑者だとされる（軽大郎皇女は『古事記』の記述にもとづき、しばしば允恭天皇の皇后の妹衣通姫《そとおりひめ》と同一化される。三島由紀夫の「軽王子《かるのみこ》と衣通姫」（一九四七）はこの伝承に拠っている）。

皇帝ナポレオンにインセストの噂があるといえば、人は驚くだろうか。妹ポーリーヌはかねがね兄を熱愛していて、その愛人たちに激しい嫉妬を燃やす。後年、廃位ののち兄がエルバ島に流されたとき、母とともに島を訪れた彼女は兄と禁じられた関係を結んだというのだ。同種の風評は劇作家モリエールにもある。一六二二年、四十歳の彼が二十歳下の一座の女優アルマンド・ベジャールと結婚に踏み切ったとき、彼女は実は彼のかつての恋人マドレーヌ・ベジャールとのあいだに出来た、実の娘ではないかとの疑惑が囁かれたのである。モリエール自身は、いやその妹だと言い張っていたのだが（鈴木康司の『わが名はモリエール』によれば、現在においてもなお、どちらとも結論を出せないというのが実情らしい）。

インセストの愛が隠蔽と罪悪感ばかりで成り立つということもできない。その実行者のなかには、いわば確信犯のように、自分たちの選択の正しさを主張する人たちもいる。文学者でいえば、詩人バイロンの、四歳違いの異母姉オーガスタへの愛は終始確固たる自覚に貫かれていた。彼女に宛てた一八一九年五月十七日の熱烈な手紙は「私は私とあなたをかつて結び付け、今も結び付けているこの完全にして限り無き愛着を一瞬たりとも感じずにいたことはありません」と語って、「悪魔主義」で鳴らしたこの奔放なロマン派詩人の情熱のほどをよく示している。「私たちはとても悪いことをしたのかもしれません。でも、あの〔オーガスタの〕呪われた結婚と、かつて愛してくれたように愛しつづけるのをあなたが拒否したことを除けば、私には何一つ悔いることはありません。」

バイロンより少し前、稀代の色事師ジャコモ・カザノヴァもまた、以前の情人ルクレチアとのあいだの娘レオニルデと関係を結ぶに至ったことを、『回想録』でむしろ誇らしげに打ち明けている。自分たちが「罪深くも感じず、良心の呵責にも悩まされなかったのに」彼は驚く。「そのとき天使がやってきて、私たちがひどい仕方で自然を陵辱したのだと告げたとしても、私たちは笑ってしまっただろう。」

最近の例をもう一つ挙げれば、あのアドルフ・ヒトラーはインセストの擁護者であったといわれる。ユダヤ人は近親結婚の結果、自らの人種的特質を維持してきたというのが彼の信念であり、自分も異母姉の娘ゲリを愛人にしていたのである。付け加えておけば、ヒトラーの両親は叔父・姪の関係にある。彼自身もインセストから出生したことになる（中西信男『ナルシズム』）。

インセスト容認の言説

最近、日本でインセストの事例が急激に増加したといわれる。どの時代にも近親間の性愛が途絶えたことはなかったし、事柄の性質上、統計的な調査はなかなか困難である。事例の多さとみえるものは、いくらかは、今日、性現象一般について語ることに抵抗が少なくなった結果だということもできよう。

しかし、日本でも先進諸国でも、インセストが生じやすい社会的な条件に事欠かないという事情はある。タブー意識は稀薄になった。性的な自由はこれまでになく大きく、その自由を規制すべき共通のモラルはすっかり影が薄くなった。人間関係がドライに機能的になり、容易に人のぬくもりが感じられないなかでは、性的な絆でしか親密さが保証されないかにみえる。一方で家庭は共通の価値観を育てる場所でも、長幼の秩序を維持する環境でももはやない。しばしば劣悪な住宅事情も手伝って、世代の区別は無視され、家庭内の役割分担もあいまいになった。雑然とした個人の集合のなかで、一人一人は親であり子である前に、一個の男女であることに汲々としているかのようだ。インセストをきびしく排除する言説とともに、昔からそれを容認する立場も古来それほど珍しくない。「父親たるもの、どうすればせめて一度は魅力的なわが娘と寝ないで彼女をやさしく愛することができるのか、私はつねに思い描くことが出来なかった」とまでカザノヴァは『回想録』で書く。

こんなのは思い上がった漁色家の妄言として重要視しなくてよいかもしれない。だが、夏目漱石の『行人』(一九一三)の一作中人物は、義兄パオロを愛して夫に惨殺された十三世紀イタリアのフランチェスカ・ダ・リミニの故事にふれて、これを自然が醸した恋愛だとし、因習的な夫婦関係にまさるその「神聖さ」を評価して次のように語っている。「道徳に加勢するものは一時の勝利者には違いないが、永久の敗北者だ。自然に従うものは、一時の敗北者だけれども永久の勝利者だ。」

まったく違ったレベルだが、ジャスティス夫妻は『ブロークン・タブー』で、カリフォルニアに本拠を置くという「レーン・ギヨン協会」なる異様な団体にふれている。性の自由を子供にまで及ぼすのがその主張らしく、親は子供のオナニーを手伝うべきなのだとさえ説いているのだという。

インセストの性愛とは、対象選択が例外的なだけであって、サディズムやマゾヒズムなどと違い、行為そのものとしては、必ずしも性的な逸脱というわけではない。それにこれから先、インセストが男女の正常な関係として是認される社会など、実現する可能性はまず絶対にありえないから、同性愛の場合のようにその実行者、賛同者が結束して行動を起こし、自分たちの権利を主張して、世人の理解を求める、などということもとうてい考えられない。当人たちの合意のうえで行なわれ、秘密のままで推移するのなら、少なくとも表面上、人の迷惑になることも、社会に積極的な害悪を流すこともない。しかも今日、避妊はきわめて容易となり、密室はいたるところに用意されているのだ。

本当に、今の世の中、インセストを是認、あるいは黙過する言説がさして珍しくないのにも、それなりの理由がある。今は亡き生態・人類学者今西錦司はある座談会で、「インセストタブーなんてものは、大昔の村落共同体ぐらいが社会単位であった頃にできたもので、（……）いまの文明社会ではあっても役に立つものではない」との意見を述べた。「フリーセックスの時代になったら、母息子、父娘、兄弟姉妹のインセストがどこかでひそかに行われていたところで、そんなことは咎めようがない。やりたいものはやったらよいのや。やりたくないものはやらなかったらよいのや。それらはすべて、新しい時代の人間の自由にまかせたらよい。」（「家族と近親相姦」）

インセストの問題性

私たちは今、同性愛を始めとするもろもろの性的偏向が少しずつ日の目を見る時代にいる。もしインセストがいっそう瀰漫するとすれば、人類最後のタブーが失われて、扱い方いかんでは巨大な猛威を振るいかねない性衝動に対する、家庭という、せめてもの防波堤が崩壊に瀕することになるだろう。家族同士を含めて相手かまわず性的に交わるのが当然視される時代においては、性行動について、もうどんな安全地帯も無くなるだろう。

もしすべてが当事者の合意のもとに、禍根を残さずに進行するとすれば、問題はまだしも簡単なのかもしれない。しかし、性衝動はもともと暴力と結びつきやすいものだ。インセストのように厳重な禁止でガードされた欲望のパターンにおいては、なおさら相思相愛などなかなか成り立ちにくい。父と娘、兄と妹などインセストの多くの関係が、家庭内暴力の様相をおびやすいことは認めねばならない。

実際、今日インセストが問題となるのは、しばしば家庭内暴力と児童虐待の一形式としてである。これまでもインセスト論のかなりの部分がこの立場で書かれた。「近親相姦」の語は子供からの接近を連想させるから使うべきでないという主張はかなり定着したように思え、インセストといえば、児童虐待しか思い浮かばないという反応さえ珍しくない。日本ではとくに、少し前は母・息子姦がしきりにうんぬんされたのに、時代状況の変化とともに最近はすっかり虐待としての父・娘姦のほうに論点が移っているように見受けられる。

このような見方からすれば、インセストとはもっぱら我が子を性欲の具とする親の非道にほかならず、神秘がかった捉え方はもちろん、性的異常とみることすら正しくないことになるだろう。しかし、人類の長い歴史のなかで、さまざまの民族のあいだで、家族間の性愛はときには個人を超え、社会結合や宗教にもかかわる、一個の「文化現象」であった。そのタブーの由来には、未解決の問題が残されている。厳しく禁止された欲望の形であるからこそ、人びとはそこにプラス、マイナス両様の、実に多岐にわたるイメージを付与してきた。暴力的になる側面は持ちやすいにしても、濃く血の繋がった成人同士が真摯に求め合うことだってある。それにもともと、先に少し触れたように、人間の深層にはインセストへの欲求が潜在しているとも考えられるのである。

インセストなる欲望の形式は、本当に多方向の人間行動に関連していくのだ。

児童虐待の立場で『父‐娘 近親姦』を著したジュディス・L・ハーマンは「近親姦について感情を殺して書くことはできない」（斎藤学訳）と言った。私たちは逆に、冷静さの道を選ぼう。インセストが即自的・先験的に「悪」であるかどうかもいったん括弧に入れて、私たちはこれから、虚心に、かつ可能な限り広角的に、家族間の性衝動にかかわる問題点を洗い出していくことにしよう。もしかしてインセストタブーが緩みを見せてきたかもしれない今日、インセストとはどういうものなのか、なおのこと沈着に見据えるべきではないだろうか。

広角的といっても、問題に近づくための視点は数多くありうる。精神医学や臨床心理学。民俗学に文化人類学。社会病理も精神分析も……。インセストとは人間の則《のり》を超えて神に背く、冒瀆的な行為と考えるなら、宗教もまた有効な視座を形成するだろう。これらのすべてをカバーするのは、もとより私たちのよくするところではない。私たちとしてはただ、ごく限られた視角から、全体への眺望を探るほかはない。

しかし、どんな観点に立つにしろ、文化現象としてインセストを扱うからには、古今の小説・演劇・映画のたぐいを無視するわけにはいかないだろう。このテーマを含んだ作品は、日本でも外国でも、思いのほか多数に及ぶ。それらが時として芸術家の天才的な直観のもとに、インセストにまつわるもろもろの論点を、どんなにか見事に描き出しているかを知ると、インセストを調べるうえで、フィクションとはいえ無視することはできない。むしろ、作者の想像力の限りを尽くした成果であるからこそ、心の襞が忠実に再現され、日常では窺い知れない深部が照らし出されるのだ。事実とフィクションの相違を踏まえねばならない状況は、むろんしばしば存在するにしても。

芸術家とは「真実を告げる嘘つき」だと、ジャン・コクトーは実に的確な言い方をした。

インセストごとき陰湿な人間関係にこれほどかかずらうのに、多少のためらいが無いのではない。これは、天下国家の大事であることからおよそ遠い。しかしいうまでもなく、私たちは理性だけで生きるのではない。ユング派のロバート・スタインは人間の魂が動物的な本能に支えられる必要を説き、「われわれの人間らしさは、動物的な活力と暖かさに拠っているのだ」(『近親性愛と人間愛』)との考えを述べた。彼によれば、「性本能は盲目的で未分化な動因では決してなく、知的な意志や本能それ自体を形成する能力をも含む」のである。

ニーチェが『善悪の彼岸』で、「ある人間の性愛の程度と性質は、その人の精神の最後の頂にまで達している」(吉村博次訳)と言い切ったのを思い合わせてよい。

性現象がこのように人間精神そのものの問題なのだとすれば、D・H・ロレンスがかつて「現在われわれのなすべきことは性の把握である」と述べたことが、いっそう適切になる。「今日においては、性をあますところなく意識的に把握することこそ、性行為そのものよりもさらに重要なのだ。」私たちはそのことで「性に対してしかるべき尊崇の念をいだき、肉体の不可思議な体験に対して、しかるべき畏敬の念を」持たねばならない、とロレンスは付け加えるのである(「『チャタレイ夫人の恋人』にことよせて」福田恆存訳)。

第一章　近親への欲動は特殊・例外的なのか

だってそうじゃないか。どんな土地でも、禁止されたことがあればかならず誰かそれをやってみたいと思うやつが出てくるし、またじっさいそれをやるやつも出てくる。こんなことはあたりまえの話だ（中川久定訳）。

——ディドロ『ブーガンヴィル航海記補遺』

社会の闇に隠れて

一九八〇年十一月、川崎市で二十歳の予備校生が両親を金属バットで殺害するという事件があった。このとき、青年と母親とのあいだに性関係があったのではないかとの噂が一部で流れた。彼は母を性的に愛して母を独占する父を激しく憎み、父のほうでも妻に接近し過ぎた息子を許せるはずはないから、彼と両親のあいだは、抜き差しならない三角関係で結ばれていたというのだ。

これに先立つ七六年二月、浜松市で一人暮らしの老女が瀕死の状態で発見されたことがあった。仕事も無く近所とも完全に没交渉の彼女は明らかに栄養失調で、身体じゅう糞便にまみれ、垢がこびりつくというより垢がそのまま皮膚と化したという、見るも無残な有様であった。老女は手当ての甲斐も無くそのまま息を引取ったが、すさまじく乱雑を極めた室内から、見事なまでにミイラ化した男性の死体が発見された。かつて同居していた彼女の実兄だとわかった。彼女は一年七ヶ月のあいだ、亡兄と暮らしていたばかりか、添い寝の習慣もあったらしく、死体にやさしく語りかける声さえ外に洩れていたという。おそらくは兄と深い仲であったであろうこの女性がどんな過去を背負っていたかは、沢木耕太郎の詳細な調査でわかる（『人の砂漠』）。

ふつう厳重に秘匿される家族間の性愛であっても、何かの機会に世間の耳目に触れることはそれほど珍しくない。猟奇的な興味にも訴える「血を分けた兄妹の許されない愛」「衝撃の母と子のセックス」「義父と関係した私は悪い女」といったたぐいの雑誌記事がむしろ多いといってよいくらいなのは、女性週刊誌を含む膨大な雑誌のコレクションで知られる大宅壮一文庫の目録で調べることができる。インターネット上でも、驚くほど多数の告白とか手記のたぐいが、ホームページや掲示板を賑わせている。あれこれ現物を読んでみて、赤裸々な告白とされているケースでも、本名を出すことはまず考えられないから、誇張・潤色さらには真偽さえ疑いたくなるものが間々見受けられはするが（近親相姦研究所なるウェブサイトがまとめた『禁じられた体験——近親相姦研究所レポート』は、この種の投稿から出来ている。うんざりするほど行為そのものの生々しい描写が目立つばかりで、私たちの仕事にあまり役立つものではない）。

インセストの風評に余計な尾ひれがつきやすいなかで、日本で起こった疑問の余地なく悲惨きわまるケースとしては、何といっても栃木県矢板市での実父殺しの事件を挙げなければならない。本人十四歳、中学三年の三学期のころから実父に犯されつづけ、父とのあいだに、何と立て続けに五人の子供を産んだ女性がとうとうこの父親を殺害したのである。審理は最高裁判所まで持ち込まれ、本人三十一歳の一九七三年四月、大法廷は尊属殺人の考え方を斥け、懲役二年六ヶ月、執行猶予三年の判決を下した。尊属殺人罪を違憲と判定した点でも、これは画期的な出来事であった。父親の圧力に屈した一女性の思い余った行為が刑法の歴史を変えたことになる。事柄の詳細は、谷口優子の著書『尊属殺人罪が消えた日』で追うことができる。

娘が父親の性的暴力に押しひしがれるのは、むろんわが国に限ったことではない。ベストセラーになった内田春菊の『ファザーファッカー』(一九九三)の主人公が義父の魔手から逃げ出すのに対して、十六世紀イタリアの名家の娘ベアトリーチェ・チェンチは、矢板市の女性に似て反撃に出る。母や兄弟と謀って、従者二人に実父フランチェスコを殺させるのだ。横暴・傲慢な父に十分すぎるほどの非があったにもかかわらず、不当にも彼女は死刑台への道をたどる。わずか一六年の生涯であった。

臆することなく、むしろ毅然として死に赴いた薄幸・可憐な少女は、古今の歴史のなかで、いわば父親による性的暴力の犠牲者の代表格である。心を打つ短篇「チェンチ一族」(一八三七)を書いたスタンダールを始め、彼女に心を惹かれた文学者は多数に上る。イギリス、ロマン派の詩人シェリーは五幕の劇詩『チェンチ一族』(一八一九)を書き、同じロマン派のウォルター・サヴェッジ・ランドー(一八五一)、ラファエル前派のスウィンバーン(一八三一)たちに続いて、今世紀では残酷演劇で有名なフランスのアントナン・アルトーが同名の劇を上演した(一九三五)。付け加えるなら、ベルトラン・タベルニエの映画『パッション・ベアトリス』(一九八七)は、時代と設定を変えつつ、基本的にベアトリーチェの生涯を下敷きにしている。

彼女については、グイード・レーニの作と伝えられる肖像画も残っており、スタンダール、ホーソーン、メルヴィルなど、魅力的なその姿に心打たれる人も後を絶たない。彼女がたびたび文学者の想像力を刺激したのも、この絵の力によるところが大きい。

あらゆる愛のパターンにドラマは付きものだとしても、当然ながら、インセストの愛は包み隠され、深い密室で進行する分だけ、過激にも深刻にもなる可能性をおびる。まして性的虐待と結びつくときはなおさら。

池田由子の『汝わが子を犯すなかれ』によれば、アメリカのある研究者が調べたなかに、実父が六人の娘・息子のすべてに一〇年以上に及んで(!)性交を強いていた例がある。彼は加虐的な性格異常者で、子供たちをしばしば殴打した。実父が不機嫌であると、長男と長女が弟妹をかばうべく、自分たちの身体を犠牲にしていたのだという。

性衝動はここまで凶暴に、人間はここまで残忍になることができるのである。残忍さの度合はさすがにこれほどではないが、父娘、兄妹のあいだで痛ましい性的虐待が展開される姿は、高橋睦郎の監修になる『禁じられた性・近親相姦百人の証言』でも窺われる。ここでは、集められた一〇〇の手記のなかで、実父・娘姦は二二件。うち一五件に暴力がかかわっている。小学校二年のころから酒乱の実父に、週に二、三回「酒のサカナ」としておもちゃにされていた少女の記録もある。

むろんインセストとて、すべてがすべて今みたような悲劇のうちに生起するわけではない。暴力がらみの関係のほうが世に現われやすいけれど、雑誌記事が報じるなかには異母きょうだいと知りつつ、周囲の猛反対を押し切って結婚に踏み切り、絶対に子供を作らないとの誓いのもとに一四年間、愛を貫いてきたというような涙ぐましいケースだってある。また女性週刊誌の報じるところでは、埼玉県川越市で、周囲の軽侮と嘲罵に晒されながら、三一年このかた、事実上夫婦に等しい同棲生活を営み、四人の子供まで設けた同母・同父の兄妹さえいる。長男はすでに、甚大なショックとともに出生の秘密を知った。ほかの子供たちがいつどのような形で秘密を知るか、彼らがうまく社会生活を営めるか、兄妹は震える思いだという。

素朴な感想ながら、インセストについて調べを進めるにつれ、社会についても人間の心についても、奥はどこまでも深く暗いのだという思いを禁じえない。毎年おびただしい堕胎件数のなかには、父と娘や母と息子のあいだに生を得た胎児が犠牲になっているケースが少なくないのだという。

レオン・ブロワの『貧しき女』(一八九七)のレオポールがクロチルドにさとす言葉でいえば、「このようなドラマはめずらしくない。うまく隠されているだけだ。親殺しや近親相姦は、他の背徳行為は言うまでもなく、盛んに行なわれているのだ」。本当に、どこで誰がどんなことをしているかわかったものではない。「怖い話だろう、クロチルド。でもこれはよくあることなんだよ。」

(水波純子訳)

ときには制度化に近づいて

しかし広い地球上の長い歴史のなかでは、インセストが近親結婚という形で一つの共同体の内部で慣習と化す場合もけっして無いわけではない。

この点、インセストを論じる人がきまって言及するのが古代エジプトの王家である。ロール・ラゾンによれば、紀元前三〇五年に始まるプトレマイオス王朝では、慣例として姉弟の婚姻が課せられ、一三人のファラオのうち七人までが姉を娶った。王朝最後の女王、有名なクレオパトラ七世は一二世代つづいたインセストの結実として生まれている。彼女は自らも十七歳で九歳の弟と共同統治者となり、のちには末弟のプトレマイオス十三世とも同じ関係を結んだのだった。

この伝統は王朝の始祖ともいえるアレクサンドロス大王の遺言に基づくともいわれるが、賢明なクレオパトラは弟との結婚に疑問を抱かざるを得ず、彼女がローマから来たアントニウスに恋心を向けたのもそのせいだとの説がある。

同種のしきたりはインカ帝国にもあったし、ハワイの最上級階級でもきょうだい婚が行なわれていた（十九世紀初め、ハワイ王カメハメハ二世は異母妹のカママルを王妃にしている）。インカ帝国についていえば、伝説中の始祖マンコ・カパックは姉妹たちを妻としたとされており、のちに皇帝たちがその範に倣ったのだという（泉靖一『インカ帝国』）。蛇足ながら、アメリカ映画『ハワイ』（一九六六）はハワイに渡った宣教師夫妻と島の王兄妹とのあいだでの、近親婚をめぐるカルチャーショックの物語である。

近親婚の許容あるいは慣行は、必ずしも王者たちの特権というわけではない。ラノワ、フェイレサン共著の『インセスト』が語るところでは、古代のスパルタではリュクルゴスの法律（前九世紀）によって同じ母から生まれたきょうだいの結婚が可能であり、アテネでもまた、ソロンの法律

（前六世紀）がやはりきょうだい婚に寛容であった。

現に、プラトンは『国家』第五巻四六一節で男女の交わりについてふれ、男たちに「誰とでも好きな相手と自由に交わることを許す」とする。そのあとすぐ「ただ、自分の娘や母や、娘の子供たちや母の母などを除いて」（藤沢令夫訳）と留保条件をつけるのだが、見られるように、ここには「自分の姉妹」は含まれていない。

同じラノワ、フェイレサンがいうのに、エジプトでもローマの支配下で、紀元後三世紀のあいだ住民すべての階層（したがって王族だけでなく）がきょうだい間の結婚を排除していなかった。ある記録によれば、家系のわかる六二組の結婚のうち、三八組までが異母（父）きょうだい、または実のきょうだいを配偶者にしているという。

注意しなければならないが、しばしば誤解されるのと違って、近親結婚といっても、エジプト王家で実行されていたのは姉・弟の結合に限られていた。ギリシアでもきょうだい婚が許容されていたのにすぎない。父母相手など、すべてのタイプの近親婚が容認された人間社会はいまだかつて存在したためしがない。

王家のような高貴な家系の場合、自分たちの血の純粋性を保持するところに、近親婚のメリットがあることは容易に理解できる。このことはのちの章で宗教を論じるときにもう一度ふれるが、神にも比肩しうるわが家系の誇り高き唯一性を堅持しようとすれば、他から配偶者を迎え入れる余地は無くなるのだ。

純血主義の願いは王家ならずとも人を動かすことがあり、家族同士の結婚には一家の団結を固め、財産の分散を防ぐ効用があると言おうと思えば言える。階級の上下を問わず、人が近親婚に向かう理由はそれなりに揃っているのだ。エジプト王家の姉弟婚については、母権制社会から父権制社会への過渡期的現象だとの説明がなされていることも付け加えておこう。王は王妃の子供たちに対して、同時に父でも叔父でもあろうとしたというのである。

私たちのように近親結婚から遠い現代人からみて、古代エジプトのような慣行にはどうしても違和感を禁じえない。だが、当時は自然であったそんな慣行と、エジプト美術から感じとれるような「一種空虚な永遠的な静寂感」とのあいだに因果関係が成り立つのだという解釈がある（片岡啓治「近親相姦の心理分析」）。結婚という制度と芸術的表象とは、社会の心性として奥で結び合うものかもしれない。近親の観念も世代の秩序もくつがえって、人間関係がごちゃまぜにされる閉鎖的な世界から、いわばニヒルな、無時間的なイメージがかもし出されることもありうるだろう。

近親婚は有害な劣性の遺伝子を発現させるという信念が、おそらくインセストタブーが維持されてきた最大の根拠である。これを普遍妥当の事実とみなしてよいのかどうかは次章で考えるが、古代エジプトのような純血主義はインセストが含むもう一つの危険を示唆するだろう。片岡がいうように、近親婚システムは強固な閉鎖的世界を生じさせる。「その閉じた世界は多型的な人間の関係を頑なに排除していくため、やがては現実との生命的な接触を失ってゆき、そのため、衰微することにならざるをえない。」個人のレベルにおいてもまた、のちの章で調べるように、インセストの大きな問題点は、当事者を極度に自閉的にして、いわば死の原理に閉じ込めることである。

けっして制度と化したわけではないが、歴史上、インセストタブーの抑止力が際立って緩んだ社会がときとして現出する。オットー・ランクの大著『文学と伝説におけるインセストのテーマ』によれば、ブロッホなる研究者はそんな社会の一つとして十八世紀のフランスを挙げているという。ディドロの『ブーガンヴィル航海記補遺』（一七七二）では、タヒチの原住民オルーがあっけらかんとしてインセストタブーの無意味さを揶揄する。当時の哲学者はおおむね性現象一般に柔軟なスタンスを取り、この世紀の終り、サドはむしろ家族間の性愛を称揚しさえした。インセストは「哲学の罪」と呼ばれるべきだとの主張すら行なわれたという。

　高名な摂政オルレアン公フィリップは二人の娘（ベリー公爵夫人、ヴァロワ夫人）ばかりか非嫡出子のセギュール夫人とも性的関係を結んだ。枢機卿にしてリヨンの大司教タンサンは実の娘を長期間情人として扱い、ルイ十五世の側近として実権を握ったフルーリ枢機卿にいたっては、サドの理想を地で行ったというべく、次々と祖母、母、娘を愛人とした。革命初期に活躍した自由主義派の貴族ミラボーもまた手紙のなかで、公刊をはばかるほど過激なインセストの夢を語っているといわれる。

　十八世紀のフランスは、あらゆる価値が相対化され、前世紀の「自由思想家《リベルタン》」たちの主張した精神の解放がますます体系化される時代であった。オルレアン公フィリップにもそんな思潮への共鳴があったとみなされている。文学の世界においても、先に名前を出したカザノヴァのほかに、レチフ・ド・ラ・ブルトンヌが放恣な性的快楽の空想を追い（彼もまたインセストの実践者であった）、『法の精神』のモンテスキューまでもが『ペルシア人の手紙』（一七二一）の一挿話で、迫害に苦しむインセスト・カップルの悲恋を描いたのである。

この時代のフランス文学でのインセストの主題の頻繁さについては、ベルトラン・ダストールのインセスト文学論『最大の禁忌をめぐる変奏』でも、エヴリン・ヘスーフィンクの『フランス文学におけるインセスト主題の研究』でも論じられる。とりわけ後者はこれを、自然の復権とキリスト教の権威のゆらぎという十八世紀全体の流れに関連させて論じている。

しかし、「哲学の罪」としてのインセストがあくまで一部の特権階級、知識人の世界に位置していたことは心得ておく必要があろう。昔から西欧世界において、インセストは王族と並んで、上流人士専有の快楽の観をおびる。第三章で論じるが、彼らはこのタブーを破ることに、しばしば神＝王者の塁を摩するような特権意識を味わっていたのである。

実態はどうなのか

遠い昔はいったん措いて、私たちの生きる時代、近親間の性愛は実態においてどのようなのだろうか。とりわけ、それはどのような頻度で発生しているのだろうか。

日本についていえば、告白やアンケート、診察あるいは相談（とりわけ電話相談）に基づくインセストの実態報告はいくつもある（詳細は巻末の参考文献リストを参照）。さほど緻密な検証を伴わないものも見られるなかで、精神科医の著者がインセストの実行者たちと直接に面談を重ね、三六例について行為の実情を綿密に調査した成果として、久保摂二の論文「近親相姦に関する研究」（一九五七）は貴重である。その後数十年、これを上回る仕事はまだ行なわれていないようだ。

事柄の性質上、行為の実態はなかなか表面に出にくい。統計的な調査にしても、とうてい厳密な数値は望むべくもない。そんななかで、詳しい数字としては、すこし古いが久保が引く第一次大戦前後のドイツの場合がある。そのころは存在した刑法の禁止条項に違反した人びとの数である。一九一三年から二四年にかけて、一年あたり最少で二二七人、最大で八六二人である。また序章でみたように、スウェーデンではかつてインセストの罪に問われた人は精神医学的検査を受けることが義務づけられていた。小田晋によれば(「性の社会化の挫折」)、その数を百万人あたり〇・七三人と算出した研究者がいる。同様に一九七七年、フランスの都市部を除いた地域で、法律が介入したインセスト事件の加害者数は年約三〇〇人、人口百万人あたりおよそ六人だとされる(アラン・ウッドロー「最後のタブー(?)インセスト」)。

これらはすべて告発を受けた人たちの数である。被害者が父や兄を訴え出ることも、司法関係者が事件を察知することも頻繁にあるとは思えないから、表面化しないままに推移したケースや、おたがい納得づくの事例を加えれば、数値が飛躍的に増大するだろうことはいうまでもない。ラノワ、フェイレサンは、フランスで、子供時代に何らかのインセスト的な体験をした人の数は一〇ないし二五パーセントに及ぶだろうと見積もっている。

日本では、五島勉(『近親相愛』)が女性週刊誌の協力を得て行なったアンケートが参考になるだろうか。女性ばかり一、二二九人の回答をもとに、最終的に四・七パーセントが肉親と性的な関係に至ったか、ぎりぎりまで進んだと推定したのである。インセストだけについて問うのを避けて他の質問に挟み込んだり、可能な限り電話や面談で話を聞くなど、正確さへの配慮もよく行なわれている。比較的信用のおける調査とみなせるだろう。

家庭内暴力としてのインセストについては、近年これが増大し深刻な問題となっているアメリカにおいて、とりわけ詳細な調査と研究がある。実数の増加に加えて、時代の変化とともに、性的虐待について語りやすくなったこと、発見が容易になったことも背景にあるだろう。

我妻洋（『アメリカの近親相姦』）は一九七四年に設立されたこの問題についての国立の研究機関の報告をもとに、毎年少なくとも一〇万件、アメリカの全人口の五パーセントが児童虐待にかかわっているとみなし、南博（『家族内性愛』）と大島清（『男が逸脱するとき』）はそれぞれ、一九八四年五月の「サイコロジー・ツデイ」誌の特集記事に拠って、八二年に年間四万八千だった被害者が、八四年には二五万に増大し、この年、通算して何と千五百万人のインセスト犠牲者がいるという驚くべきデータを示している。渡辺圭（『汝の娘を犯すな』）がすでに別の資料から年間二〇万人の数字を出しているから、これらの統計はけっして誇張ではないのであろう。

さらに山口遼子（『セクシャル・アビューズ』）によれば、日本の「子どもの虐待防止センター」の報告では、九三年、アメリカで年間二七〇万件もの児童虐待の通告があるという。これらのすべてが性的虐待ではないが、十八歳になるまでに、女児の三人に一人、男児の五人に一人の割合で性的被害を受けていると報じられている。

アメリカで起こっていることは、日本にとって対岸の火事ではない。石川義之（『インセスト的虐待の現状』）が一九九三年、大学・専門学校などの学生を対象に調査したところでは、女性の一二・三パーセントがこれまでに非接触的経験を含むインセスト的虐待の被害に遭っており、そのうち五・七パーセントが父親による行為であった。精神科医、斎藤学（『虐待の記憶・児童期性的虐待とサバイバー」）は一九九五年九月から二年間、主宰するクリニックに来訪した人たちから無作為に四〇〇人を選んで、その体験を調べた。女性だけについてみれば、その一九・五パーセント、つまり女性来診者の五人に一人が児童期性的虐待の犠牲者であった。

当然のこととして、暴力的なケースのほうが、それ以外のインセストより表面化しやすく、数値をつかむのも比較的容易である。今日、子供への性的虐待がこれほど多数に上るとはすなわち、その分、虐待とはいいにくい家族間性愛の増加をも示唆するものであろう。

近親結婚という社会化されたインセストについても、少しふれておこう。陰でどんなに濃い近親者が夫婦になっているかは不明であっても、だいたいどの国でも法律で認められる最も濃い関係、すなわちいとこ同士については、詳細な統計を取ることができる。後藤源太郎の労作『近親結婚と母系制』は、世界各地のいとこ婚を入念に調査して興味深い。大づかみにみて、日本でのいとこ結婚の比率は外国に比してかなり高い部類に属する。イングランド（一九二五—三九）〇・四〇パーセント、フランス（一九一四—一九）〇・九七、オランダ（一九三七—四八）〇・一五、アメリカ、ボルチモア市（一九二五—五〇）〇・〇五など、欧米では軒並み一パーセント以下なのに、東京市（一九三二）四・〇、長崎市（一九四九）五・二四、福島市外（一九五四）八・八九と、日本ではほぼ六パーセント前後の高率に達する。韓国、ソウル市（一九五三—五六）七・八一、イスラエル全体（一九五五—五七）五・二二、インド、ケララ州のイスラム系住民の二六・七、という例もあるから、抜群に多いというのではないが。

後藤が指摘するように、配偶者の選択は地理的条件・宗教・階級など種々の要因からなる「結婚圏」によって制約を受ける。宗教だけをみても、キリスト教は近親婚に対して厳しく、仏教はそれほどでもない。ユダヤ教とイスラム教を信じる人たちのあいだでは、いとこ婚に大して抵抗が無いようだ。

母息子インセストの問題

「文化現象」としてのインセストを考えるとなれば、家庭内暴力としてのインセストとともに、より日本的な現象として、母と子の癒着の問題に目を向けないわけにはいかない。

一九八〇年ごろ、荒川和敬の「ダイヤル避妊相談室」の活動が世に知られるにつれ、相談内容のかなり多くが母親と男児との性的癒着であることが注目を集めた。特集記事を組む新聞も現われ、担当した記者、川名紀美は取材をもとに『密室の母と子』を書いた。

もともとインセスト一般の特徴として、アメリカでは父と娘、日本では母と息子の結合が多いことがしばしば指摘される。母親がやたらと子供をかまいたがるところへ、不在がちな父は実権を失い、密室と化した家庭のなかで、時間と欲望をもてあました妻は息子を相手に選ぶ。受験戦争で鬱屈した息子にとっても母との交わりはよき捌け口となり、母のほうでは偏向した欲望の充足を親子愛の美名で糊塗することができる。企業戦士たる父、息子を管理下に置こうとする母、性情報が氾濫するなかで悶々とする息子。こんな日本の現実は母子インセストをはぐくむのに格好の条件を作るといえるだろう。

実際、荒川の著書『こちら性の悩み一一〇番』をみても、インセストに関する相談のうち、当初はきょうだい間が多数を占めていたのに、一九八〇年からは、母子のそれが際立って一位になったことがわかる。このころ、吉武輝子（「母よ、息子に手を出すな」）や南博（「家族内性愛の危機」）からも、同様の主張あるいは警告が行なわれた。最近でも、花村萬月（「幸福な母たちへ」）のように母子姦の頻発を当然の事実とし、母たちの「幸福」を揶揄する論者がいる。

確かに、日本の現実からみてなるほどと思わせる調査結果であっても、荒川の報告に疑問の余地が無いのではない。それがもっぱら電話相談という、完全な匿名性を可能にするメディアで行なわれていること。荒川自身が認めるように、この種の相談がもっぱら息子のほうから持ちかけられ、母親の訴えは皆無に近いこと。全体として、訴えにそれほど深刻さが感じられないこと。

溝口敦（『性の彷徨者たち』）や滝野功（「禁じられた性」）が指摘するように、電話の内容をまるごと信じてよいかどうか、疑いを挟む条件は多々ある。少年たちの語る性的な情景が、性文学一般に共通するパターンをそのまま踏襲していることに、溝口は注意を引いた。確かに、母親に自慰の場面を目撃された、入浴中、母親に身体を触られたなどなど、行為のきっかけとして語られる内容は、容易に一定の型に還元されてしまう。性について語ろうとすれば、多少ともファンタジーの混入を避けることが出来ないという事情はあるにしても。

あるいは少年たちは、滝野のいうように、自分たちの母親と同年齢に近い、たいていは女性のカウンセラーを相手にして、まさに母親に対するような性的なファンタジーに浸っているのかもしれない。相談機関のなかには、息子からかかった母子姦の電話は九九パーセントまで作り話だと思うことにしているところさえあるという。

だからといって、母子姦そのものを無視してよいということには少しもならない。大慈彌《おおじみ》クリニックのように電話相談のほか、直接に面接も精神医学的な診察も行なうところにおいても、母子姦の増加が記録されているのだ（大慈彌俊英「近親相姦の日米比較」）。前掲の『近親相姦百人の証言』のような手記のたぐいでも、母と子の結合の事例はよくある。それに、何といっても母親は男児が最初に出会う異性であり、母と子の絆はあらゆる人間関係の基礎なのだ。

私たちはのちの章で、さらに詳しく母子姦の問題にふれる。母と子の性的結合の多さを憂える声が根強い反面、日本人が母子癒着の風土に久しくなじんでいるからこそ、行為そのものは逆に少ないのだとの意見も無視することはできない。どちらに軍配を上げるにせよ、母子の関係はインセストを考えるうえで、中心的な課題をなすことだけは確かである。

インセスト幻想の普遍性

中心的な課題というのも、人間に内在するインセスト衝動を説明するのに決まって持ち出されるのが、あのエディプス・コンプレックスの理論だからである。いうまでもなく、フロイトがギリシア神話をその典型として築いた人格形成の基礎理論である。父を殺し母と結婚したあのテーベの王オイディプスの故事をもとに、男児には父親との競争のなかで母の愛を独占しようと欲求する時期があると結論するのである。

三歳から五歳のいわゆる男根期に体験され、ふつうは思春期を経てこのコンプレックスの克服が行なわれる。インセストを禁じる厳格な社会的タブーによってその欲動が抑圧され、このタブーのほうが個人の内部で超自我として内在化される。だが、「リビドーの近親姦的な固着をうまく避けられたひとでも、かならずしもこの固着の影響を完全にまぬがれたことにはならない」（「性欲論三篇」懸田・吉村訳）とフロイトは考える。大人になってからの恋愛の対象選択に母のイメージが関与するのはすこしも珍しくない。このことが成熟後の性生活に重大な帰結をもたらすことだってあるとフロイトはいう。

となると、成人の場合であっても、インセスト衝動はとても説明しやすくなる。『精神分析入門』でのフロイト自身の言葉でいえば、「人間の最初の対象選択は近親相姦的なものであり、男性の場合には母および姉妹に向けられるのが通例であって、このいつまでも活動しつづける幼児型の傾向を現実のものとしないために、きわめて厳重な禁止が必要となっている」（懸田・高橋訳）のである。何かの拍子に禁止が乗り越えられると、直ちに内奥の原質が姿を見せるのだ。

フロイト派の岸田秀がずばりいう言葉によれば、「母子関係の反復がセックスの本質」であり、「セックスにタブーを設けなければ、誰でも最初は母親とセックスする」（『母親幻想』）ことになってしまうのである。ラカン派に分類されるフランソワーズ・ドルトもまた『欲望の営みに』のなかで、子供からみて「人間社会を支配しているこの掟、インセストの欲望実現の絶対的禁止という掟」を受け入れるのがどんなに困難であるかを説いている。

のちに袂を分かつが、当時はフロイトの高弟であったオットー・ランクの浩瀚な著書『文学と伝説におけるインセストのテーマ』は一貫して、「近代人すべての無意識の心のなかには、インセスト的な感じ方がはっきり存在している」との立場で書かれる。フロイトに激賞されたこの本のなかで、インセスト・コンプレックスこそが人間の基本的な情動であり、「原始的状況においてインセストが可能であったばかりか、純粋に心理学的な視点からすれば、これが性交渉の最も自然な形態である」とまで彼は断じるのだ。ランクはまた、各地の神話や伝説のなかに、オイディプスに似た説話をあまた発見できることを力説している。

文化人類学者の多くの研究では、フロイトの唱えるようなエディプス・コンプレックスは未開社会では認められないことがしばしばあるという。彼の理論が父系制社会を前提にしているのに反して、母の兄弟が父親の役割を果たしているような母系制社会では、息子の感情はもうすこし複雑になる。マリノウスキーがトロブリアンド諸島の調査に基づいて『未開社会における性と抑圧』でフロイトを批判したのは有名である。これに対して、メルフォード・E・スパイロが同じトロブリアンドの研究をもとに再批判を加えたこともある（『母系社会のエディプス』）。

ユダヤ・キリスト教的な厳しい二元論的思考につながるフロイト理論が、そのまま日本のような緊張感の薄い社会にあてはまるのかどうかも、よく議論の的になる。小此木啓吾が、母親への甘えと怨みが最終的には和解に至るとする、いわゆる「阿闍世《あじゃせ》コンプレックス」を唱えたのも、厳しい父性原理を基盤に持つフロイト理論が日本人の心性には合わないと考えたからであった（『日本人の阿闍世コンプレックス』）。

しかし、母親と男児がこの上なく強固な愛情で結ばれることは否定の余地が無い。ある異性を愛する限り、強い独占欲が働くのも事実である。十八世紀の昔、ディドロは『ラモーの甥』（一七七四）の主人公にフロイトそっくりの考えを語らせている（フロイトも『精神分析入門』でこの言葉を引用している)。

「もし未開人の少年がありのままに捨て置かれて、その愚かさをそっくり持ちつづけ、ゆりかごの子供の理性と三十男の情熱を結び付けでもしようものなら、そいつはきっと親父の首を絞め上げ、おふくろと寝るかもしれないよ。」

最近の女性のフロイト研究者マルト・ロベールは、もっとはっきりと言い切る。「エディプス・コンプレックスはひとつの普遍的な人間的事実なので、なんらかの形でその隠された例証でないような虚構や、演劇や、映像芸術はありえない。」(『起源の小説と小説の起源』岩崎・西永訳)

ある近くて遠い対象へのひたすらな没入、そこから生じる三角形の葛藤、憎悪や罪責の意識、といったふうにテーマを一般化すると、確かにこれはあらゆる人間のドラマの原型だといえなくはない。エディプス・コンプレックスは、やはり高度の普遍性を持つとしなければならないだろう。ぼくは大きくなったらママと結婚するんだ、としばしば子供は口走る。本章の冒頭でみた川崎市の金属バット事件など、エディプス的な葛藤がもろに出たケースだといえるだろう。

ただ、エディプス的な欲動が母子インセストの動因にあるとしても、逆に、母息子間のすべてのインセスト行為がそのまま、エディプス・コンプレックスで説明できるとは言いにくい。親子のあいだには、これ以外の心理的・現実的なしがらみが種々ありうるからだ。この問題についても、第五章で詳しく考えることにしたい。

息子と母のあいだのエディプス・コンプレックスとまったく同じ心理機制として、父親に対する娘の固着はエレクトラ・コンプレックスの名で呼ばれる。さらに、オットー・ランクは、きょうだい間のインセストを母子間のそれの「第二の複製」と称した。子供が同性の親と競いながら異性の親を求めるのと同じように、こんどはその子が、親であれ、ほかのきょうだいであれ、他の肉親との競合と軋轢のなかで、異性のきょうだいを追い求めるのであるから。母息子インセストが、すべてのタイプの家族間性愛の中心に位置することになる。

多種多様なインセスト体験の告白のなかには、現実に女きょうだいを持たないのに、可憐な妹と相思相愛の仲になるのをひたすら夢に見る男性の手記がある。かと思えば、ある主婦は夫との交渉のさなかでさえ、自分にはいないまぼろしの兄に犯される空想に耽る（どちらも五島勉『近親相愛』による）。

インセストを助長する社会的な要因はむろん、十分に検討されねばならない。しかしそれが、少なくとも幻想のレベルにおいて、人類の心の奥深くに根ざしているという事実もやはり認めなければならない。私たちは心のどこかで、これを甘美な、禁じられているからこそいっそう甘美な、夢としてとらえているかもしれないのだ。

隠蔽、偽装、転置

このように人間の深部にもともとインセストへの素質が内在しているのだとすれば、その「実態」を調べる仕事は、表面とともに、心の奥へ向かってもなされる必要があるだろう。頻度や行為の様態が問題であるとともに、外に出ないまま、内部でどんな抑圧や葛藤が行なわれているかを問わねばならないだろう。社会的レベルでの極度の禁圧のなかでは、そのドラマは入り組んだ屈折をたどることは容易に予想がつく。

内奥のドラマとなれば、文学、映画あるいは民話のたぐいが有益な手がかりを与えてくれる。昔からインセストをテーマとするこれらの作品は、世界中で、人が思う以上におびただしい数に達する。先ほど言及したオットー・ランクの『文学と伝説におけるインセストのテーマ』はまず、古代から同時代にかけての扱われた作品の膨大な数で私たちを圧倒する。しかも、一九一二年に初版、二六年に改訂版を出したこの著作には、当然のこととして、著者の属するドイツ語圏に限っても、ムージルの『特性のない男』（一九三〇―三三）もトーマス・マンの『選ばれし人』（一九五一）も含まれていない。どちらも、インセスト文学の屈指の名作なのだが。

日本文学としては、直接インセストをテーマとした、明治期以後のめぼしい作品を思いつくまま列挙しても、ざっと次のような賑やかさである。國木田獨歩「運命論者」（一九〇三）、島崎藤村『新生』（一九一九）、夢野久作「瓶詰地獄」（一九二八）、石坂洋次郎『石中先生行状記』（一九四八―五四）の「不幸な女の巻」と「お玉地蔵の巻」、同じ石坂洋次郎『水で書かれた物語』（一九六五）、三島由紀夫『熱帯樹』（一九六〇）と『音楽』（一九六五）、吉行淳之介「出口」（一九六二）、倉橋由美子『聖少女』（一九六五）、野坂昭如「骨餓身峠死人葛《ほねがみとうげほとけかずら》」（一九六九）と「浣腸とマリア」（一九六九）、三枝和子『乱反射』（一九七三）、曽野綾子『この悲しみの世に』（一九八六）、花村萬月『触角記』（一九九五）、宮本輝『焚火の終わり』（一九九七）などなど。

人間がインセストなる変則的な性行動に対して抱く夢や恐怖や開き直りを語ってやまないこれらの作品は、本書でも、今後しばしば引き合いに出すことになる。ディドロはソフィー・ヴォランに宛てた手紙で「美徳によっては静まりかえった冷ややかな絵しか出来上がらない」との考えを語り、「画家、詩人、音楽家の作品に生命を吹きこむものは、情熱と悪徳なのです」と言い切っている。この考えでいくと、肉親間の性愛というまさに良識への挑戦は、作家の力量いかんで作品に深さと緊迫感を加えるきっかけとなることができる。

上記のような、それとわかる形で家族間の性交渉が描かれる作品に加えて、文学作品でのインセスト行動でさらに興味を惹くのは、表面それと見えないなかに屈折した欲望が伏在するケースである。世に容れられぬ愛着は、振り払うこともできないまま、ときには当人の意識を越えた深部で、深く秘められ、偽装や転置を経つつ進行することが多いのである。

たとえば、幸田文の小説『おとうと』（一九五七）がそうだ。おそらく作者の体験をもとにして、周囲の無理解と白眼視がもとでずるずると道から外れていく弟を、姉の立場で綴った物語である。根が意志の弱い彼にとって、彼女が唯一の味方だ。書斎に閉じこもった文筆家の父、自分のことしか眼中に無い継母。弟が病に屈して息を引取る最期まで、しばしば相手の不実に会いながらも、姉はひたすら彼をかばい面倒を見つづける。

いっさい性的な言及の無い小説であっても、暗示的なデータはいくつかある。二人とも恋人はいないし、弟のためと称して姉は縁談に応じず、弟もまた姉の結婚を好まない。結婚しないままの彼女が花嫁のように装うのは、ただ一度、病床の弟のたっての願いを聞き容れたからであった。枕もとに、島田髷《まげ》に結い一張羅に着飾った姉を見て、弟はひどく喜ぶ。最後は、薄らいだ意識のなかで、「姉さんがいる」とつぶやいて臨終を迎えるのだ。

当人たちは意識しなくても、奥に恋人あるいは夫婦のような感情が流れていておかしくない。姉の献身的な看病に心を打たれながらも、恋人に恵まれなかった彼は叫ぶ。「ああ、愛情が遅かった。姉なんてなんだ。役にや立たないんだ。」何だか、この言葉の裏には、いっそぼくたちは恋人か夫婦であったらよかったのに、との嘆きが潜んでいるように感じられる。

フランス文学に例を取れば、日本でも有名なカミュの小説『異邦人』（一九四二）には、主人公ムルソーと亡き母とのあいだにインセストを推察する解釈がある。母への愛情と追慕の念が彼においてどんなに深いか、小説のあちこちから察するのはさほど難しくない。彼にはまた、死をもってしか償えないほどの強烈な罪の意識もある。二つを結びつけると、とっぴな解釈にみえても、これはいかほどか説得力をおびるだろう。さらにいえば、彼が母を老人ホームに送らねばならなかったというのも、性的な関係に陥った（近づいた）者たちによくある、入り組んだ愛憎のもつれの挙句だったのかもしれない。そして恋人マリーは、亡くなった母の転置の意味を持つのではあるまいか。

「輪廻」をテーマにするジュリアン・グリーンの異色作『ヴァルーナ』（一九四〇）の第二部「エレーヌ」は、忌まわしい死者再生の術に賭ける男の物語である。彼は、熱愛する妻の死後、魔術師の力を借りて、その妻そっくりに生まれついた娘の身体に、亡き妻の霊魂を再生させようとするのだ。恐ろしい企てはこの男の頓死によって失敗に帰するのだが、妻への執拗な愛情とされるものは実は娘へのインセスト的な愛の、まさに偽装なのだと考えてよい。

『ペロー童話集』（一六九七）の一篇「ろばの皮」の王もまた、亡くなった王妃と生き写しのわが娘に恋情を燃やす。「類似」とは身震いの出る事実だ。とりわけそれが死と結びつくときには。

ポーの短篇「モレラ」もやはり、亡き妻と瓜二つのわが娘に惑乱を抑えきれない男の物語である。

『ハムレット』『ウェルテル』『嵐が丘』

世界の文学史上、誰知らぬ名作であっても、押し隠され擬装を経たインセスト的情熱が深いところでドラマの発条を形成することは珍しくない。シェイクスピアの『ハムレット』（一六〇三）、ゲーテの『若きウェルテルの悩み』（一七七四）、エミリー・ブロンテの『嵐が丘』（一八四八）を例に取ろう。

『ハムレット』については、フロイトが『夢判断』で分析を加え、ランクも詳しい考察をめぐらしている。周知のように、ハムレットの父は弟に殺され、その弟が今では亡き兄の妻（つまりハムレットの母）を娶って王位にいる。父は亡霊となって息子に事情を聞かせ、憎き簒奪者殺しの任務を授けるが、ハムレットのほうではなかなかこれに踏み切れずにいる。ハムレットとはふつう思われるのと違って、一面でけっこう行動力のある男なのに。

彼はなぜ父の仇を討つのに、これほどためらうのか。エディプス・コンプレックスの理論をあてはめると、その心理がとてもわかりやすくなる。叔父は父を殺し母と結婚するという、自分ができないことをやってのけたのだ。憎しみや嫉妬とともに、無意識の共感も彼にはあったのである。フロイトはさらに、この叔父相手に復讐をとげることが、ハムレットのなかでは自己非難とも結びついていたのだという。つまり叔父の所業への共感から、彼ははからずもほんらい幼年期に精算しておくべき厭わしい欲望の残存を、自分のうちに感じとったのである。彼は内心、「お前だって、お前が殺そうとしているあの叔父以上にまともな人間じゃないんだ」との自責に駆られずにはいられなかったというのである。

To be or not to be というような言葉が示す悩めるハムレット像の根源には、インセストがらみの屈折が宿っていることになる。

『若きウェルテルの悩み』についていえば、主人公ウェルテルが恋人ロッテに対して見せる罪悪感や神聖視は、婚約者のいる女性への感情にしてはすこし度が過ぎているといえないだろうか。いくら純情な青年による激しい愛だとはいえ、はじめは他の男と婚約中、のちに人妻となる女との愛に苦しんだからといって、「お前の運命は類がないものだ」「お前ほどの苦しみを味わった者はいないのだ」(高橋義孝訳)とは、いささか極端ではないだろうか。

この小説を読み進めていくと、彼のロッテへの愛情はむしろ母親へのそれの転置たるにふさわしいと思えてくる。ウェルテル自身の母はいっさい登場せず、いるのかいないのかも明かされない。だがそれだけに、ロッテこそ彼の恋人にしてかつ「母」なのだとの実感に導かれる。相手を内々母親と感じるからこそ、彼の恋愛感情にはこれほどの自責と抑制が加わるのだと考えると、この小説の謎が解けたように思えるのだ。

弟妹相手に母親の役を務める彼女は、ウェルテルにもしばしば母のように振舞う。何かと甘えたがる彼に、「男らしくなってちょうだい」などとたしなめたりもする。彼は、女としてひたすら彼女を渇望しつつも、腕に掻き抱くと考えただけで身震いを抑えきれず、たまたま彼女の身体を自分のものにした夢を見ただけで、鋭い自責に駆られる。そして「どうしようとこのわたくしはあなたのものになりっこがない」と言って聞かせるロッテのほうでも、彼のインセスト的な感情をそれとなく察しているのだといえよう。

男の子は母と恋人とを同一視しがちなものだというフロイト的図式の端的な例を、この小説に読み取ることができる。付言すれば、ゲーテ自身インセストと無縁な男ではなかった。ランクは、彼の妹コルネリアへの愛にエロチックなものを認めている。一幕劇『兄妹』は、きょうだい以上といってよい、親密な兄妹の物語である。

ウェルテルが味わったと同様の禁忌の意識が『嵐が丘』にもある。ただし、ウェルテルにとっての障害が恋人ロッテの婚約と結婚にあったのに反して、キャサリンがヒースクリフと結ばれなかったのはなぜか、物語で明示はされていない。二人はあれほど仲が良かったのに。キャサリンが伴侶として近くの地主の息子を選んだのは、ヒースクリフがリヴァプールの下町で拾われたもと捨て子であったからだろうか。彼女がそれだけ世俗的な配慮の優先する女だったということなのだろうか。

ここでも、ヒースクリフとは実はキャサリンの父が別の女に生ませた私生児なのだと考えると、一挙に謎が解ける。捨て子というのは世間体にすぎないのだ。キャサリンはどのようにしてか父の嘘を察知し、近親婚を避けるべく身を引く。何もわかっていないヒースクリフは見捨てられた恨みに駆られ、その後の悲劇の幕が切って落とされることになるのだ。実際、冒頭で父がリヴァプールから子供を連れてくるあたりを丹念に読んでも、この解釈を阻止する記述に出会わない。むしろ、子供が家庭にうまく受け入れられるよう痛々しいほど気を遣う父の姿が浮かんでくるばかりである（この点については、野島秀勝『迷宮の女たち』、小池滋『ゴシック小説を読む』を参照）。

余談にわたるが、作者エミリーは一歳違いの兄パトリックととても仲が良かった。しかし彼はもともと精神的に不安定で、ちょうど『嵐が丘』が出版された年、酔っ払って自分の部屋に火をつけ、炎に包まれて死んだ。兄に三ヶ月遅れてエミリーもこの世を去ったが、『嵐が丘』の数章は兄が書いたのだというう わさが世間に流れた。ヒースクリフのような激しい情熱の姿を、彼女は日々目の当たりにしていたのかもしれない。

うちにインセスト願望を秘めた作品は、その気になって探せば、まだまだ見つかる。大作『失われた時を求めて』(一九一三―二七)の奥に見え隠れする母子姦の幻想については、私たちは以前、一文を草する機会があった(「作家にとって母とは何か――プルーストと母子相姦の幻想」)。作者マルセル・プルーストもまた、母親とはなはだ緊密な間柄で繋がれた男であった。

民衆の想像力のより直截な表現である民話・童話のたぐいにおいては、深層のインセスト的含意はもっと濃厚になる。話題になった桐生操の『本当は恐ろしいグリム童話』に、原型「白雪姫」の生々しいヴァージョンがある。現行版の冷酷な継母がここでは実の母であり、彼女が娘を邪険に扱うのは、夫と娘との忌まわしい関係を断つためなのだ。白雪姫と継母との闘いは、本当は父親をめぐる母娘のエディプス的葛藤だということになる。しばしば奥にインセスト的なものをちらつかせるという点でも、童話は「恐ろしい」のである。

インセストの概念、その多様さ

家族間の性愛について考察を進めるにあたって、このあたりでその定義を明らかにしておく必要があるだろう。もともとそれはどのような範囲の相手との、どのような行為を指すと考えるべきであろうか。

これまでみてきたようにインセストへの禁忌の意識は根強く、その侵犯もまた広い範囲に及んで厚い擬装や隠蔽の雲におおわれているから、これを明瞭に画定することはけっして容易ではない。インセストに対する人びとの忌避感や排斥感が広漠とならざるを得ない分、何がインセストなのかの見方もまた、地域により時代によって区々に分かれる。

血の繋がった者同士でいえば、日本の民法では、直系血族(親子間、祖父母・孫間など)と三親等以内の傍系血族(自分ときょうだい、おじおば、甥姪のあいだ)の婚姻が禁止される。しかし、古代のエジプトやギリシアできょうだい婚が認められていたことは先にみた。ヨーロッパではその後、カトリック教会がしだいに厳しい態度で臨み、結婚が許されない範囲が当初四親等であったのが、十一世紀から十二世紀にかけて七親等にまで及んだ。

日本でも古代においては、異母きょうだいの結婚がさして罪悪とみなされていなかったし、隣の中国のように周代に始まって、姻戚関係の有無にかかわらず同じ姓を持つ者同士の結婚が禁止されてきた国もある(日本の天皇家で近親婚が目立って減少に向かうのは、この「同姓不婚」という中国思想の影響ではないかとの説もある)。「ある国では四親等のみならず、もっと遠い関係でも同族結婚はゆるされない」「ある国では母を孕ませても咎められず、父がその娘と、またその息子と交わっても咎められない」(モンテーニュ『随想録』第一巻二三章、関根秀雄訳)。一部分伝説化してはいても、地球上にかつて母息子婚、父娘婚の例が存在したことは後藤源太郎の著書でわかる。本当にモンテーニュのいうとおり、習慣の相違と人間理性のあり方はさまざまなのだ。

人類に対するインセストタブーの締め付けが昔から途方もなく強力なせいか、禁忌の意識が比喩的に伝染していくというべきか、直接血の繋がらない者同士の交わりであっても、血縁者同士に匹敵するほどの罪悪視をもって迎えられる傾向は世界の各地にある。ラシーヌの『フェードル』(一六七七)やシラーの『ドン・カルロス』(一七八七)が描くような義母と息子のあいだ。夫と妻の連れ子のあいだ(永井荷風『問はずがたり』一九四六、エルヴェ・バザン『愛せないのに』一九五六、野坂昭如『エロ事師たち』一九六六)。義理のきょうだい同士(漱石が『行人』で取り上げたフランチェスカ・ダ・リミニの事件、メーテルランクの『ペレアスとメリザンド』一八九三)。父と娘の婚約者のあいだ(ルイ・マルの映画『ダメージ』一九九二)……。

日本の民法が第七三五条と七三六条で、血縁関係の無い直系姻族間と養親子関係者間、つまり自分と配偶者の父母や子供、養子や養父母などとの婚姻を禁じているのも、「家」の秩序維持とともに、このような罪悪感を反映した部分があるのであろう。もっとも、これらの広範囲の規定は旧民法を踏襲したものであるから、再検討の余地はあるといわれる(有地亨「近親相姦禁止の社会的意義」)。

日本の現実からいえば、義父と嫁の関係(志賀直哉『暗夜行路』一九三七、川端康成『山の音』一九五四、谷崎潤一郎『瘋癲老人日記』一九六二)がとりわけ問題性をおびるだろう。高齢化が進んだ今では、義父はときには夫以上に嫁と接する時間が長く、嫁と姑が険悪な仲になりやすいのに比べて嫁と舅のほうがうまく行くことが多い。定年後も健康なままで家にいる老人が増えた今日、南博がいうように、これは家族内性愛の新しい局面であろう。

このほか、血縁者以外のインセスト的なパターンは本当にさまざまありうる。三浦綾子の『氷点』(一九六四)では相手が貰い子だとわかっていながらも兄は妹への愛に悩み、アメリカの映画作家ウディ・アレンは三十歳年下の養女を妻として顰蹙を買った。イギリス国教会が定めた「血族と婚姻の表」は一五六三年の初版において血族のほか、死亡した息子の妻や、やはり死亡した兄弟の未亡人との結婚を禁止している。『ハムレット』の現国王クローディアスはこの禁止に違反したことになる。

さらに、フランスの人類学者フランソワーズ・エリティエは一人の男性が姉と妹の両方と関係を持ったり(トリュフォーの映画『恋のエチュード』(一九七一)はこれに近い)、ある母親とその娘をともども愛人とすることを「第二のタイプのインセスト」と呼んだ。その男性からみて姉と妹(母と娘)がどちらも他人ではあっても、その二人のあいだの近親性が彼の行為にいかがわしさを与えずにはいないのである。序章でみた『千羽鶴』は、ちょうどこのタイプのインセスト物語なのだ。

いささかの姻戚関係が無くても、社会によっては何らかの精神性、身体性にもとづいて近親婚扱いが行なわれる場合がある。カトリック教会は「霊的インセスト」として、洗礼に立ち会う代父(代母)と代子、洗礼を授ける者と授けられる者との結婚を禁じる。乳きょうだい同士の交わりが排斥される風習は、イスラム教徒のほか、東方正教会でも、エジプトのコプト人のあいだでも見られるという。ただの養育でなく、同じ乳房から同じ母乳を吸収したことで、乳きょうだいのあいだは強い身体性で結ばれるのである。それに生命を支える血液は、当初ほかならず乳ではぐくまれる。

血とは乳が姿を変えたものともいえるのだ。

このように、人類がインセストとみなしてきたものの範囲ははなはだしく広い。それは個人のあいだの生物学的な繋がりを越えて、文化的・心理的な文脈に沿って伸び広がっていくのだ。インセストとは「血の絆、および（または）シンボリックな絆」で結ばれた誰かの身体に対する違反の行為だとするロール・ラゾンの定義に、私たちも同意しなければならないだろう。

序章で水上勉の『越前竹人形』にふれた。妻に「母」を感じるあまり、性交渉に及べない男の話であった。さらには何の遠慮も要らない配偶者であっても、長年生活をともにしているだけで、姉か母みたいに意識されてしまうことがあるのであろうか。瀬戸内晴美の『家族物語』（一九八八）では、京都のある会社の社長は酒席でこんな述懐をして一座を笑わせる。

「ほら、もうあきまへんな……何十年もつれそうた女房いうものは、いうたら、肉親みたいなもんどっせ、そんな……肉親としたら、近親相姦やんか、そんな人道にもとることでけますかいな。」

このところ、「セックスレス」夫婦がしばしば話題になる。何かのきっかけでおたがいをきょうだいのように感じることが、あるいはその一因をなすのかもしれない。次章で調べるが、家族間の「なじみ」にインセストタブーの起源をみようとする立場がある。

インセストについては、禁止の範囲とともに、「違反の行為」がどの程度のものを指すのかも問題が残る。実行に及ばないまま抑圧や隠蔽をこうむったインセスト的な欲望の激しさは、ありきたりの性行為に勝るだろう。逆に、きょうだいが屈託なくじゃれあったからといって、直ちにインセストだとはいえない。

澁澤龍彦が伝えるのに、どこからどこまでをインセストとみなすべきかという医師の問いに答えて、かつてスウェーデンのある検察官は指針を示したという。「子供が父親のペニスをいじくりまわしたからといって、必ずしもインセストではない。だが、このとき父親が勃起すればインセスト罪は成立する。」

私たちとしては、秘め隠された情念のほうにもっと重点を置くべきだと思えるのだが。

禁止と侵犯の交錯

近親間の性愛願望など例外もいいところだ、とふつう思われるかもしれない。だが、これまで縷々述べてきたように、インセストへの欲求は普遍的といいたいくらい人びとの心の奥深くに宿る。奥深くどころか、当事者の手記の類、あるいはその調査などを見渡すと、何かのはずみで事もなげに行為が行なわれ、罪悪感すら伴わないケースにひんぱんに出会う。どこかで抑止のバネが外れると、この最大のタブーもあっさり乗り越えられる可能性を持つ。発現の機会が意外と簡単に訪れるという点でも、これは普遍的な衝動なのだ。

もともと、こと人間行動に関しては例外なるものは存在しないと考えるのが正しい態度であろう。母と子の密着を描く曽野綾子の小説『木枯しの庭』（一九七六）の女主人公は、「世の中では例外といわれるものが、多くの場合、最大多数にとっての共通項を内蔵している」のだ、となかなか適切な考察をくだす。

それにしても、インセスト行為のタブー視・排除意識もまた、人間性に根ざすと思えるほどにまで普遍性を持つ。一方での禁圧の大きさと、もう一方での侵犯の根強さと。両極の並存は私たちを戸惑わせる。だが、序章ですこしふれたように、人が何かを激しく拒否するのは、えてして彼が内々それを希求しているからだ。拒否に対置されるべきは無関心であって、必ずしも愛着ではない。愛と憎しみと同様、執着と拒否は表裏一体と考えるべきであろう。インセストについてもまた、抑止力の強さはそのまま、内部でのインセスト衝動の激しさを物語るものといえる。

「タブーの根底にあるものが積極的な欲望の流れであることはわかりきったこと」だと断ったうえで、フロイトは『トーテムとタブー』でいう。「誰もやってみようと望みもしないことを禁止する必要はないのであり、とにかく厳禁されるものこそ、かえって欲求の対象になっているにちがいないのである。」(西田越郎訳)あの反逆者サドのほうはいかにもサドらしく、創造主への恨みを滲ませながら「自然はわれわれにあるものへの嗜好をあたえれば与えるほど、同時にますますそこから離れるように命じるのだ」と書く。

欲望と禁止が車の両輪のような関係に立つのだとすれば、欲望が大であるから禁止が働く一方、逆に禁止が大であることによって欲望が高まるという筋道も成り立つ。ディドロは『ブーガンヴィル航海記補遺』でインセスト禁止の愚かさとして、タヒチの原住民に「禁止されたことがあればかならず誰かそれをやってみたいと思うやつが出てくるし、じっさいそれをやるやつも出てくる」と言わせている。実際、抑えることで抵抗も高まる。よくいわれるように、あるものに対する欲望を掻き立てる最も効果的な方法はそれを禁止することであろう。禁じるとは希少価値を増大させることであるから、それだけ侵犯の欲求が高まるのだといってもよい。禁止という言葉には、何やら誘惑的な響きさえただよう。

私たちはのちに、主として文学作品をもとに、インセストタブーを破ることに一種倨傲な誇らしさを味わった人たちの姿をみることになる。

それにしても、同じ家族の誰かを性愛の対象とすることが世界中で昔からこれほどまで厳しく禁じられるのは、いったいどんな根拠によるのであろうか。ありていにいってしまえば、家族のあいだで何をしようと本人たちがそれでよければ他人が口を挟む問題ではない、ということになる。インセストタブーの由来については、これまで実にさまざまの説が行なわれてきた。

私たちは次章でこの問題に接近することにしよう。

第二章　近親婚禁忌の起源について

身近な近親者を断念するということ——自分に所属している物そのものを自らに禁じる者が行なう留保＝慎み——それは人間的な態度を規定するものであり、動物的な貪欲さの対極にある（湯浅博雄・中地義和訳）。

——ジョルジュ・バタイユ『エロティシズムの歴史』

「家族関係の混乱」説

十六世紀イタリアの名家の娘ルクレチア・ボルジアが兄チェーザレと深い仲だったとされるのは有名だが、彼女にはこのほか父の教皇アレキサンデル六世とも関係したとのうわさがあった。そこで巷間、揶揄とともに人びとが編み出した墓碑銘は、「アレキサンデルの娘、妻、義理の娘たりしルクレチアここに眠る」。

石坂洋次郎の『石中先生行状記』の「お玉地蔵の巻」は二重のインセストの物語である。津軽藩士足立左兵衛の妻お玉は夫の死後、それと知らずに息子左金吾と交わって小百合を生む。不幸な子は乳母の手で身辺から遠ざけられたにもかかわらず、左金吾は成人してから偶然にも小百合に出会って恋着、あろうことか彼女を妻にするのだ。こうして、左金吾からみて小百合は妻にして妹かつ娘、小百合にすれば左金吾は同時に夫、兄、父にあたるというややこしい関係が出来てしまう。本人たちはそんな秘密を知らないまま幸せに暮らすのだが。

　近親結婚が無造作に行なわれた日本古代では、もっと輻輳した関係が生じる。なかでも『日本書紀』巻之十五、仁賢天皇のくだりに出るアラキ、アクタメなる夫婦のケースはしばしば話題になる。山内昶（『タブーの謎を解く』）や古屋芳雄（「秋葱の根」）の整理するところにしたがって、その複雑さを解きほぐしてみよう。

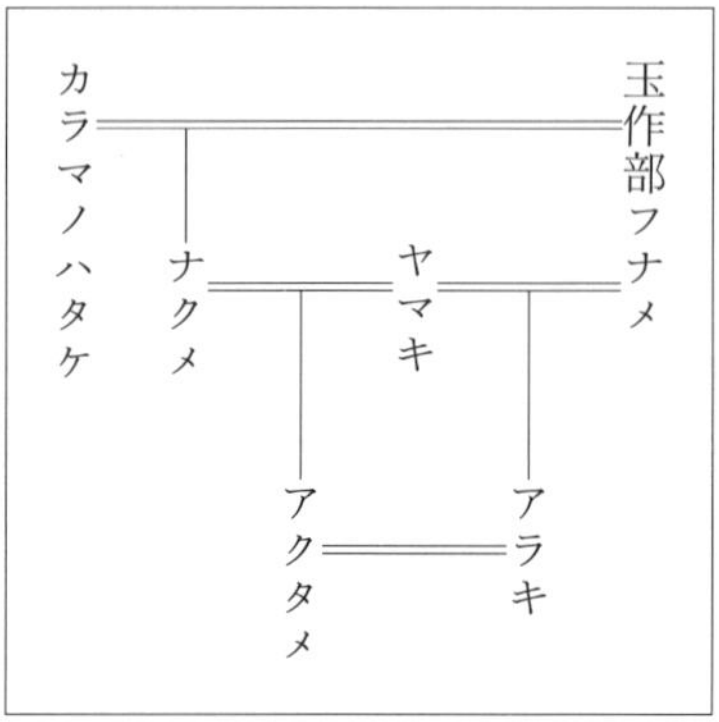

　問題は、カラマノハタケの娘ナクメと結婚したヤマキという男の婚姻歴にある。彼は義父と妻の死後、亡妻の母つまり姑にあたるフナメと通じて息子アラキを生む。ここまではよくあることといえばいえるが、そのアラキがヤマキの娘アクタメと結婚するに及んで、途方もなく入り組んだ事態に達するのだ。何しろアクタメからみて夫アラキは、①異母兄弟にしてかつ②叔父でもあり（彼は祖母フナメの子であるから）、やはりフナメの息子であることによって③実母ナクメの異父弟にもあたることになるのだ（系図は山内昶による）。夫であることを加えると、彼は何とアクタ

メに対して家族関係上、四つの身分を兼ね備えていることになる。『日本書紀』は、彼ら一族の錯綜ぶりを「秋葱《あきき》の轉雙納《いやふたごもり》」、つまり秋の葱の根が幾重にもからまりあった様子にたとえている。

昔からインセストが、とくにその社会化としての近親婚が忌み嫌われてきたのは、何といってもそのことで家族関係に容易ならぬ混乱が生じるからであろう。妻にして母、夫にして兄という名づけようもない身分の者たちが跋扈したのでは、家庭の秩序は保ちようもなくなる。トーマス・マンの名作『選ばれし人』に、父母の死後、異性双生児の身で子供を設けるまでに至った二人を家臣が咎める場面がある。彼らは「いかにも大きな無秩序を惹起して自然を停滞せしめた」ことになるのだ。「そのために自然も御身たちご自身と同様途方に暮れているのでござる。（……）無思慮な御身たちはこのような無秩序と混乱を神の世界にもたらしたものでござるぞ。」（佐藤晃一訳）

主だった研究者でいえば、家族の結合の強化を近親婚禁忌の起源に据えるのは、マリノウスキーおよびマードックである。マリノウスキーが『未開社会における性と抑圧』でいうのに、「近親相姦が意味することは、年齢の区別の混同、世代の混乱、情操の解体、家庭が最も重要な教育の場である時期に各人の役割が激変することなど」である。近親相姦を許す限り家庭は存続できず、われわれは完全な社会的混乱と、文化的伝統を保持することの不可能性を目撃することになるだろう。「近親相姦を排除する環境だけが、社会組織や文化の存在と矛盾しないのである。」（安部・真崎訳）

マードックの主張もマリノウスキーに近い。インセストのもたらす家族成員間の嫉妬や競合ほど家庭を弱体化させるものはない。とりわけ、親子間の性関係は親の権威を破壊する。親の権威こそ、社会秩序にとっても文化の伝達にとってもきわめて必要なのに。子供と両親のあいだ、また子供たち相互の協調をはかるにはどうしてもインセストの放棄が不可欠なのだ。「親子のあいだ、ないしはきょうだい同士の性的対立を減少させることは、家族を協働的な社会集団に固めることになる。さらに集団的サービスの効果を促して、全体としての社会を強めていくことになるのである。」

（『社会構造』内藤莞爾監訳）

近親婚禁忌の由来を、とりわけ文化的なレベルで考えようとすれば、どうしてもいくらかは効用から原因を割り出す、いわゆる目的原因論に傾かざるを得ないという事情はある。それにしても、これら二人の説をみると、事実がどうであったかより、むしろどうあるべきかのほうに比重がかかっているように思えてならない。

家族の役割といっても、家庭内で誰がどんな役目を務めるかは人の一生のあいだに揺れ動くこともありうるし、長い歴史のなかで変化もある。今日の私たちの周囲を見渡せばすぐわかるように、社会のなかでの家族の機能もずいぶんと様変わりした。文化の伝達だけをとっても、それはもう家庭の手を離れた部分がかなり大きい。秩序維持のうえで親の権威が大事だとはいえ、その権威のゆえに家庭内に波瀾が引き起こされることだってけっして少なくはない。

古代のエジプト王朝のように近親婚がほとんど制度化されていた時代、血縁者を娶ることには財産の散逸を防ぎ一家の結束を固めるという意味も含まれていた。極論を弄すれば、家族が自由な乱婚に近い状態にあったとしても、そのことでいっそう一致団結が高まることだって無いとはいえないだろう。

肉親間の結婚からアラキやアクタメのような名づけようもない身分の子供が生まれたらどうする、

と気を揉むのは今日の家族制度を唯一絶対と思うからであって、白紙の立場で考えるなら、彼らに何かの呼称を与えるような別種の社会が存在しえたかもしれないのだ。「人間がその近親と結ばれることを長く古い伝統が許していたなら、婚姻についてのわれわれの考えもまったく別のものになっているだろう。性的生活も現在のようにはならなかっただろう。」（レヴィ＝ストロース『親族の基本構造』馬渕・田島監訳）

「なじみ」の理論

人類がどうして近親婚を不動の禁忌とするに至ったか、これまで数え切れないほどの説が行なわれてきた。のちに詳しくふれるノルベルト・ビショッフの『エディプスの謎』には、架空の討論会の形で、高名なレヴィ＝ストロースをはじめ、神話学のJ・G・フレイザー、『古代社会』のモーガンなどなど、数世代に及ぶ著名な研究者が多数一堂に会して、果てしなく激論を交わす場面がある。それほどまで、いずれの説にも賛否両論が並び立ち、いまだに万人を首肯させる定説を見ていないのが実状といわざるをえない。私たちはさらに、その代表的ないくつかを検討していくことにしよう。確たる解答が得られないにせよ、人びとから蛇蠍のごとく嫌われながらも人間につきまとって離れない、インセストなる不可思議な現象を考えるための手がかりがいくつも得られるだろう。

インセストに対するごく素朴な感じ方からいって、ふだん一緒に暮らしている家族相手の性行為などいやらしい限りだ、というのがふつうの反応であろう。

学問の分野でこの見方を代表するのが、かつて婚姻の研究で鳴らしたフィンランドの社会学者ウェスターマークである。「一般的にいって、幼少時からきわめて密接に一緒に暮らしてきた人々の間には性愛感情が著しく欠如しているのである」と彼は『人類婚姻史』で書く。「いなむしろ、この場合には、他の多くの場合と同様に、性的無関心は、その行為が念頭に浮かぶ際にいだかれる積極的な嫌悪の情と結びついているのである。これこそが、外婚制的禁制の基本的な原因だと私は思っている。幼少時から密接に一緒に生活してきた人々とは一般に近親者である。それ故、彼ら相互の性関係にたいする彼らの嫌悪感は、慣習や法において近親者間の性交の禁制として現われるのである。」（江守五夫訳）

ウェスターマークは十分な調査と研究に基づいて自説を築いたことを強調し、イギリスの高名な性科学者ハヴロック・エリスの一文を援用して、先行の研究に照らしてもこの立場に誤りはないのだという。「幼少時から一緒に育てられてきた人々の間には、視覚・聴覚および触覚の一切の感覚的刺戟が、たえざる使用で鈍化され、平静な感情の水準まで馴らされ、性的腫起をもたらす機能亢進的な興奮を喚びおこす能力を奪われてしまっているのである。」

亡きウェスターマークのために弁じておけば、最近でも彼に近い立場が衰えたわけではなく、心理学者アンソニー・ストーのように「常に身辺にいた人物と恋に落ちるのは難しい。そうでなければ、近親相姦はもっと頻繁に起こっているだろう」とする研究者もいる（トーディ『タブーの事典』井上博美訳）。

研究と無関係の分野でも、序章で言及した「歴史の一頁」のなかで作者バルベー・ドールヴィイは、インセスト回避の原因が「なじみ」にあるとして、ラヴァレ家の兄妹の事件がまさしくなじみあった二人のあいだで起こったことを特殊なケースとみなそうとしている。確かに、きょうだい同士なら裸でいても気にならないというのがふつうであるから、ウェスターマーク説には、一般人になるほどと言わせるだけの普遍性があるように感じられる（余談だが、婚姻制度の研究に一生を捧げた彼は生涯独身であった）。

では、親しい者同士だとどうして性欲が働かないのであろうか。高畑由紀夫（「インセストをめぐる迷宮」）は、有名な『攻撃』を著したローレンツを引き合いに出す。彼の動物行動学においては、性衝動と攻撃性とは近い関係にあるとされる。親しい者同士は攻撃的な態度をとれないために、性的欲望が打ち消されるというのだ。確かに人間の場合でも、男女の愛はその激しさの及ぶところ暴力的な特徴をおびやすく、性衝動と破壊欲とはときとして区別しにくいものだ。ボードレールが「恋愛の唯一にして至高の悦楽は、悪をなすという確信にある」と言い切ったことを思いあわせてもよい。こんな関係が家族間に成り立つのは稀だとすると、ウェスターマーク説に理があるということになろう。

だが、少し立ち止まって考えると、近親者間の「なじみ」でインセストタブーの起源が説明しきれるのかどうか、疑問なきを得ない。肉親のあいだのブレーキで制御できるほどのものであれば、どうしてインセストがときには死罪のような極刑をもって処罰されねばならないのであろうか。その禁忌の意識がふだんは一緒に生活しない叔父叔母やいとこにまで及び、近親婚禁止の範囲が民族によって異なるのはなぜだろうか。慣れという不確定なものでは、近親者とそうでない者との区別がつきにくいのではないだろうか。それに何よりも、「なじみ」の防壁が機能しているにしては、世の中インセストタブーの違反例が多すぎるのではないだろうか。

ウェスターマーク説が真実に感じられるのは、ちょうど「女房と畳は新しいほどよい」ということわざが真理をうがっているように思えるのと同じ程度、同じ範囲なのだ、と吉本隆明ははなはだ適切な言い方をした（『書物の解体学』）。確かに、ウェスターマーク説が真実なのは一面においてであろう。女房や畳は新しいほうがよいと言おうと思えば言えるが、古いほうがよいと言って間違いになるわけではない。親しい者同士だから避けるとも言えるし、親しいからこそより接近するということも成り立つ。

「なじみ」でインセストは防げるのか

実際、インセストの当事者の語る手記・告白のたぐいを読むと、肉親間の欲望にさして違和感を覚えないケースに出会うことがけっして珍しくない。結婚後も実兄との関係をあきらめきれないある主婦は、「よく夫婦は一体というが、兄妹の間はもっと深いと思っている」と言い切ってはばからない（五島勉『近親相愛』）。『チボー家の人々』で有名なロジェ・マルタン・デュ・ガールの短篇「アフリカ打ち明け話」（一九三一）は、悲劇に終わらないインセスト物語の好例であるが、その主人公レアンドロは「一緒に過ごした一七年の日々、弟と姉との親密さ、同一のものであるぼくらの血のゆえに」、姉との関係が積年の夫婦のそれに匹敵するものだと断じる。

さらに、実弟との関係をごく自然なこととして受け入れる、仁川高丸の小説『ソドムとゴモラの混浴』（一九九四）の女主人公の言葉など、ウェスターマーク説に正面から挑戦するものであろう。

「私と貴士が、日常生活の延長として身体の関係に陥ることは不思議でも何でもない。むしろ当り前かもしれない。より身近な異性で性体験を積むことが望ましいから、学校や職場で人は恋愛を拾ってくるのだ。私と貴士は今さら星座や血液型の占いは必要なく、生活習慣にも通じている。（……）死ぬまで縁は切れないのだ。（……）いけないことは、もうどこにもないのだと思った。」

研究書でいえば、前章で参照した後藤源太郎の『近親結婚と母系制』は近親結婚の原因として、数回にわたって「近親者間の親密さ、あるいは愛情」を挙げている。それが「性的愛情となって結婚に進む可能性がある」というのだ。れっきとした科学者によってこんな考察が行なわれるほどにまで、ウェスターマーク説の逆の立場もまた人間性に根ざしているのである。

しかし、「なじみ」の理論を問題にするとなれば、あのイスラエルのキブツを取り上げないわけにはいかないだろう。ウェスターマーク系の考えが真実であることの、格好の証拠とされているからだ。キブツとはいうまでもなく共同共産の農業居住地である。ハイファ大学のジョゼフ・シェーファーが一九七二年、この幼児用の住居で生活を共にした同年齢の男女について、彼らがその後どんな恋愛経験を重ね、どんな相手と結婚したかの詳細な調査を発表したのである。彼らのあいだでは恋愛関係はほとんど無く、二、七六九組の結婚のうち、六〇組の配偶者だけが同じ住居の出身者に過ぎなかった。さらに調べを進めるにつれ、最終的に、人生の最初の六年間をまるまる一緒に過ごした人から配偶者を選んだケースはまったくゼロだという、驚くべき結論に達したのである。

同じキブツで育った二十二歳の二人の男女が、あるパーティで出会う。彼らは喜んで再会のあいさつを交わし、おたがいすっかり気が合う。でも、「ぼくたちが同級生だなんて残念だね」と青年が言う。「すばらしいカップルになるでしょうにね！」と娘も言い、二人は心から笑って別れてしまった（マネー、タッカー『性の署名』。そのほかキブツの調査については、次のものを参照した。前掲のビショップ『エディプスの謎』、デイヴィッド・スペイン「インセストの三つのタブー」）。

だが、ウェスターマーク側の圧勝とすべきこんな結果にも、疑問の余地が無いのではない。ラノワ、フェイレサン共著の『インセスト』は問題点を三つにまとめる。①このような純潔主義的な色合いの濃い環境の出身者に対して、デリケートな調査を行なっても、内実はつかみにくいものだ。すべてが真実だとは限らず、たとえ結婚まで進まなかったにしても、彼らのあいだで性交渉はかなり行なわれたかもしれない。②女子のほうが男子より早く適齢期に達する。彼女らは自分たちより年長の、したがって別のグループの男子と結婚するだろう。③性的な成熟の過程で決定的な意味を持つのは、人生の最初の六年間よりむしろその後の六年間ではないだろうか。

この第三点はウェスターマーク側の主張を踏まえている。その理論では、六歳まで一緒に育ったかどうかが決定的な意味を持つとされ、この「刷り込み」現象は「ウェスターマーク効果」と呼ばれるのだ。

ボリス・シリュルニク（「インセスト的感情」）は、同種の調査がフランスでも行なわれたことを述べている。第二次大戦後、あるカトリック系の施設に収容された一、三〇一人の子供のうち、わずか三組だけがおたがい同士の結婚に踏みきったというのだ。

このような調査結果を無下に斥けるのは、やはり当を得ないであろう。それこそ一面での真理として、「なじみ」の理論が有効に機能する可能性を含むことも認めなければならない。これがどのような場合に正しく、どんな場合にそうでないか、画定するのは至難のわざだとしても。ただ、近親間の「なじみ」がインセストの猛威を防ぐための万能の、確固たる防壁になりうるとはやはり言いにくいようである。

ウェスターマークの主張は、人間のうちにインセスト回避への本能を認めるのに等しいから、エディプス・コンプレックスを説くフロイト説の、ちょうどアンチテーゼに相当する。禁止を設けなければインセストは当然起こるのだと考えるフロイトに反して、ウェスターマークはほんらい家族のあいだには性関係が生じにくいとするのであるから、この点でも両者は対立関係にある。

インセストの回避が当然という立場と、その欲求が本来的であるとする立場と。近親間の性愛をめぐっては、まったく正反対の言説が行なわれてきたのである。

遺伝上の害悪

一九八四年十一月のこと、『週刊女性』にギリシアで生まれたという異様な嬰児の写真が載ったことがあった。題して、「世界びっくり赤ちゃん、近親相姦のタタリじゃー!」。見ると、いちおう人間の身体ではあるが、鼻や耳(らしきもの)はほとんど形をなさず、顔の三分の一近くがタイヤを二つ並べたような唇が占め、胴体はどうやら鱗状のもので覆われているらしく、まるで柔らかさを感じさせない。ツカ・マクラコミスという村で、十六歳の少女が父(五十歳)に犯されて生んだ子だといい、彼女はまた十四歳の弟とも関係があったらしい。気の毒な赤ちゃんは四週間しか生きられなかった(ほぼ四年後、『女性セブン』も二号にわたって、同じ写真とともにこの事件を報じた)。

近親間の交わりからは障害を持った子供が生まれやすいという見方は、ほとんど常識と化した感がある。今日でもインセストが忌避されるおそらく最大の理由もここにあろう。田中克己（「遺伝学からみたインセスト・タブー」）によれば、一九七一年、チェコスロバキアで行なわれたセーマノバ女史の調査の結果は、親子間、きょうだい間に生まれた子一六一名中、一歳未満で死亡が一三名、先天性の身体異常が三〇名、精神障害四〇名、聾唖者三名、てんかん三名などという驚異的な数字である。ジャスティス夫妻の『ブロークン・タブー』にも、父と娘、きょうだい間での何らかの障害の発生率がいとこ同士の場合の四倍にのぼるとか、一八人の子供のうち一一人までもが異常の持ち主であったとか、空恐ろしいまでの数字が並んでいる。

もっとも、これらがすべてインセストそのものの遺伝的悪影響とだけはいいにくく、親の知的・身体的な障害の有無と種類、家庭環境、社会的・経済的条件など、インセスト以外で子供に異常を発生させる要因をも、当然考慮に入れる必要はあるだろう。

それにしても、インセスト＝優生学的弊害という同一化はすっかり人びとの心に根を下ろしている。近親婚を重ねたメロヴィング朝やハプスブルク家の悪しき形質がうんぬんされ、画家トゥールーズ－ロートレックの足の怪我が完治しなかったのは両親のいとこ婚のせいだとか、古くは女王クレオパトラがアクティウムの海戦で尋常ならざる行動に出たのはやはり血筋によるのだとか、憶測を交えた事例はいくつもある。クレオパトラについては逆に、その優秀さに着目するあまり、こんなまともな人物が近親婚から生まれるはずはない、きっと母の不倫の娘であろう、と大胆な推定をくだす人もいる（セーガン、ドルーヤン『はるかな記憶』）。

文学作品でいえば、近親婚による一家の疲弊・退化・没落がしばしば作品にまがまがしさを添える手段となる。デカダンス文学の聖書などといわれるユイスマンスの『さかしま』(一八八四)の主人公デ・ゼッサントはフランス切っての名家で、二〇〇年にわたる近親婚のあげくに生まれたとされ、異様にインセスト的な雰囲気をみなぎらせるポーの「アッシャー家の崩壊」(一八三九)の異性双生児もまた直系親族だけでつづいた家系の末裔である。日本では、野坂昭如の「骨餓身峠死人葛」が家族入り乱れての野合のあげく障害児ばかりが生まれ、最後は無益・無残な殺戮のなかで一村が死に絶えるという鬼気迫る物語である。

遺伝に関連して近親婚禁忌の起源を考えるうえでの問題点は、大きく二つに分かれるだろう。第一に、近親婚は本当に遺伝的な弊害をもたらすのか。第二に、これが悪影響を及ぼすとして、原初の人類はそのことを知ってタブーを設定したのかどうか。

マイナスの影響はどの程度なのか

第一の点でいうと、これだけ常識化したと思えるにもかかわらず、遺伝上の問題は存在しないのだ、存在するとしても無視しうるほど軽微なのだとする意見に、意外と頻繁に出会う。吉本隆明はレヴィ-ストロースを援用して、「この考え方が有意味的なほどの確率的なデータをもつことができない」のは明らかだとし、近親婚が多い東北地方での臨床体験をもとに、精神科医にして作家津川武一(「〈骨肉の姦〉を犯した一家」)は、確かに弊害は生じるものの健全な事例もけっして少なくないことを説いている。

アドルフ・ヒトラーが近親婚の擁護者だったことは序章でみた。ユダヤ人が優秀なのは近親婚に起因するのだとの彼の意見は、フランスの人種主義者ゴビノーの影響下で形成されたものであろうか。その『人種不平等論』がナチスの民族理論に基礎を与えたのは有名だが、彼は遺伝学が発達するはるか以前に、いくつもの例証をもとに、近親婚が必ずしも子孫に害悪を及ぼさないことを力説しているのだ。付言しておけば、仲間うちで結婚を重ねたことをユダヤ人の優秀さにリンクさせる説はそれほど珍しくない。次章で調べるアメリカの「オナイダ・コミュニティー」の指導者、ジョン・ハンフリー・ノイズもその立場であった。

アカデミックな立場から、プエルトリコ大学のフランコ・フェラキュッティの研究をみよう。インカ帝国、古代エジプト、ハワイ王族での近親婚についての文献を精査したあとで、彼は家族内の結婚と変質とのあいだに直接の関係はないとの結論に至ったのである。「変質した特性が近親相姦をタブーとしていない人々の子孫の中に現われた、との報告は現在のところ皆無である。」(マネー、タッカー『性の署名』朝山新一訳)

近親婚害悪説の立場から不幸な子供の事例が提示される一方、反対陣営にも逆の実例がけっして乏しいわけではない。聖徳太子は異母兄妹婚から生まれた。仁徳天皇の両親はまたいとこ同士、天智天皇の父母は叔父と姪である。外国でだって、ジョン・ラスキンはいとこ婚の子供であり、ダーウィンは母方の叔父の娘と結婚したのに、生まれ出た五男二女のすべてが俊才のほまれ高いではないか。エジプトに例をとれば、五代にわたる姉弟婚の末に生まれたトトメス三世はエジプト王中、最強の王なのだ……。

しかし近親婚がどの程度、子供に悪影響を与えるのか与えないのか、その判定はやはり今日の遺伝学の研究成果に拠るほかはないであろう。入門書のたぐいであっても、近親婚にページを割かない本はない。ただ、親子やきょうだいの関係から生まれた子供は、大部分が闇に包まれて統計的な調査は行ないにくい。法律で許された最も濃い関係、つまりいとこ同士の結婚を直接の対象として他を推定するしかないことになる。

人間のみならず雌雄生殖をする生物はみな、父からもらった遺伝子と母からの遺伝子の二つをペアの形で持っている。その際、ふつうは有害な劣性遺伝子を一つ持つだけでは正常な遺伝子の持ち主とはまったく区別がつかない。ところが近親婚では、夫婦が共通の祖先を持っていることによって、同じ種類の劣性遺伝子をペアとして共有する確率が高い。その二つが生まれてくる子供のなかでぶつかって一対となり、そのまま異常を発生する可能性もまた大になる。――異常が生じるメカニズムはほぼこんなふうである。つまり、二個の劣性遺伝子は両方の親から一つずつ伝わってきたものだから、いつのころからか両親は二人とも同じ種類の劣性遺伝子を抱えていたことになる。俗に近親者を妻に迎えると「血が濃くなる」というのは、わりあい当を得ているのだ。

もっとも、劣性遺伝子といっても有害に働くものばかりではない。なかには有益なのもあるから、理論上は有益な遺伝子の接合で秀でた子供が生まれることも期待できる。前述の聖徳太子など、その例であろう。だが遺伝学としては、病気や異常はともかく、ある人間が優秀であることが近親婚の結果かどうかを立証することはできない。どうしても害作用のほうが目立ってしまうのである。

近親婚の子供だからといって、他人婚の場合に見られないような異常が出現するわけではない。

		他人結婚の子	いとこ結婚の子	差
0～6歳の死亡率	福岡	6.4	9.4	+3.6
0～10歳の死亡率	広島	6.4	10.1	+3.7
0～10歳の死亡率	長崎	7.3	8.9	+1.6
新生児の先天性奇形	広島・長崎	1.0	1.7	+0.7

他人婚からも生じる可能性のある異常の一部が増すだけである。本当に悪い劣性遺伝子の仕業かどうか、疑う余地を残す場合もあるだろう。しかし、それであっても、遺伝学関係の記述をみる限り、危険度の認識に濃淡の差はあれ、いずれもこの子供たちが他の人より不利な条件にあることを示している。比較的雄弁な統計を二つみておくことにする。

一つは前掲の田中克己「遺伝学からみたインセスト・タブー」による全身白子の発生率の推定。

他人婚の子　四〇、〇〇〇人に一人
いとこ婚の子　三、〇〇〇人に一人
おじ・めい交配の子　一、五〇〇人に一人
親子交配・兄妹交配の子　七八〇人に一人

もう一つは田島弥太郎・松永英『人間の遺伝』から、いとこ婚と他人結婚から生まれた子どもの死亡率と奇形の頻度（百分比）の比較である。

前項の終りで提起した第二の問題、原初の人類は遺伝的な弊害に気づいていたかどうか、については否定的な見解が大勢を占めているように感じられる。原始人はそんなに無知ではなかったのだ、火を使うことも動物を馴らして家畜にすることもできたのだ、経験上、肉親同士の結婚から生まれる子供の様子がおかしいことは察知できたはずだ、とする意見は今では賛成者がきわめて少ないようだ。繁殖上の利益・不利益はあらゆる生物にとって、それこそ死活問題であるから、原初の人類もこの点きわめて敏感であったにちがいないのだが。

原始人の置かれていた人口的状況からいって、遺伝的な影響をうんぬんできるほどの統計的な数値を入手するのはとても困難だっただろう、というレヴィ＝ストロースの見方がこの点、妥当なところであろう。生物学的には同じ親等なのに、交叉いとこ婚は認められるのに、並行いとこ婚は禁止される慣習が各地にあるのも、遺伝上の害悪では説明できない（「交叉いとこ」とは自己の父の姉妹の子、あるいは母の兄弟の子。「平行いとこ」とは自己の父の兄弟の子、あるいは母の姉妹の子）。だいいち、本書の冒頭でも述べたように、マリノウスキーが調査したトロブリアンド諸島の原住民は、子供の出生が性行為によることを知っていなかった。それでいて彼らにとっては、インセストは死に値するほどの大罪なのである。

ただ、レヴィ＝ストロースがこれに関連して、近親婚禁止の遺伝がらみの理由づけは、ヨーロッパ社会では十六世紀以前には存在しなかった、とするのは問題が残るようだ。早く十一世紀の教皇グレゴリウス六世がこの種の警告を行なったといわれ、ミシェル・フーコーは『性の歴史』の第二部で、ソクラテスの言葉を引く。インセストから生まれた子は、たとえ両親がすぐれた性質を持っていても「育ちがわるい」という事態」が生じるというのだ。ソクラテスに遺伝的認識があったかどうか、今ひとつ明らかではないが。

結論として、多少であれ、近親婚は優生学上の危険を覚悟しなければならない、しかし原初においてその危険が原因で近親婚タブーが成立したとはみなしにくい、と私たちは考えないわけにはいかない。かつては『古代社会』で有名なモーガンのように、遺伝上の弊害で近親婚から外婚制への移行を説明しようとする立場や、近親婚を制度としていた民族は悪しき形質の蓄積のあまり滅び去ったのだという説もあった。消えうせた民族のことは証明のしようもないのに。遺伝の問題はその後のインセストタブーの強化・推進のうえで大きな効果を発揮したにしても、それをタブー成立の直接のきっかけとするのはやはり早計であろう。

一種の観念連合によって、インセストといえばすぐ私たちは遺伝のいたずらに思い及ぶ。しかし両者の直結もまた、もう一つの危険ではないだろうか。まるで避妊さえ徹底させれば肉親間の性交渉が容認されるかのような、短絡的な発想に道を開きかねないのであるから。

動物にもあるインセスト回避

インセストタブーの成立について、とりわけ近年、議論されることが多いのは動物、なかでもサル社会での回避行動である。

一九五〇年代の初め、京都動物園でのアカゲザル、カニクイザルの混群の観察から、母息子間の性行為が一回も確認されないことが徳田喜三郎の報告で明らかになった。これを端緒として調査が進み、嵐山でも宮崎県の幸島でも同様の実態がわかってきた。高畑由紀夫（「インセストをめぐる迷宮」）によれば、嵐山では一九七六年の交尾季に、一親等から三親等のニホンザル一一五組のペアのうちで交尾が観察されたのは三親等の二組にとどまった。彼らは叔父・叔母や甥・姪相手ですら性交渉を避けているのである。

同じころ、カリブ海の小島カヨ・サンティアゴで放し飼いにされているアカゲザルのあいだでも、一〇六例の交尾中、母息子は二例だけであった。東アフリカのタンザニア西端、ゴンベ川保護区において、一九六〇年から二〇年余にわたってチンパンジーの生態調査を行なったジェーン・グドールの、記念碑的な大著『野生チンパンジーの世界』は有名だが、ここでもまた詳しい数字とともに、同母きょうだい間には若干の性行為がみられても、母息子のあいだにはほとんど観察されないことが示されている。

彼らのこのような回避傾向はいったい何に起因するのであろうか。ニホンザルには性成熟に達する四歳ぐらいから群れを離れる習性があるから、それが比率を少なくしているという事情は確かにある。グドールはウェスターマークにならって母子、きょうだい間の「親しみ」が障壁になっているとみなし、今西錦司（『人間社会の形成』）は子供が母親に対して抱く「遠慮」に原因があるだろうという。母親は彼の保護者であり、サル社会の掟である順位からすれば優位に立つ。サルでの性交の姿勢は、上位者が下位者に自己の優位を誇示する「マウンティング」であるから、子供たるもの母相手にこんな行為に出られないというのだ。

「遠慮」説には批判もあり、群れのなかでのリーダーの権威や、同じ群れのなかでの若者同士、年寄り同士の階層集団の形成など、他の条件もありうると指摘されている。山極寿一（『家族の起源』）がゴリラの観察から親子の保護関係に原因を求めるのは、「遠慮」説の変種とすべきであろうか。ゴリラのオスの赤ん坊は生後約三年間母乳をくれる母親に対して、メスのほうはその後親身に面倒をみてくれる父親に対して、それぞれ心理的な抑制を感じ、これがインセストの回避に繋がるというのである。

だが、インセストの回避といっても、サル社会一般としては、父娘間および同じ父親から生まれたきょうだい間の性関係はそれほど抑制されていないと考えるのが正しい。サル集団の多くは複数のオスが共存する、いわば乱婚状態の母系社会であるから、父系の血縁者の認知は困難なのである。

また同じ山極寿一によれば、同じサルでもテナガザルにはインセストの生じる機会が多いという。彼らには、離脱した息子や娘が両親のなわばりの近くに自分の行動範囲を定める傾向があるからである。

それにしても、地球上のサルのあいだにこれほど広くインセスト回避の傾向がみられ、抑制が三親等に及びさえするとは驚きである。ヘレン・フィッシャーの『結婚の起源』には、いったん群れを出たカヨ・サンティヤゴの若いオスザルたちが再び母親と出会ってからでも、その母親と交尾しようとしなかったという調査結果も語られている。別離のあいだも、彼らの自制は緩んでいなかったのである。サル社会のインセスト回避を、人間のインセストタブーの原形態とみなす考えが生まれるのも当然であろう。

サルにおける自己抑制が社会的な規範にまでは至っていないことをもとに、これを「一種の萌芽的状態」としたうえで今西錦司はいう。「タブーの成立以前からインセスト回避の傾向が内在的に認められるものを、社会的に一般化し、規約化したものがインセスト・タブーであるにすぎない、と私は考えているのであります。」(『人間社会の形成』)

それでなくても、今は地球的な規模で人間中心主義が問い直されている時代である。人間の基底を広い動物世界に見出そうとするノルベルト・ビショッフの浩瀚な著書『エディプスの謎――近親相姦回避のメカニズム』のような、大規模な動物行動学的試みが登場するのも当然であろう。

その原書の副題「親密さと自律の根源的葛藤の生物学的根拠」が示すように、親の保護のもと安全で暖かい「第一次親密性」のなかで生きるか、自立・離反して生殖を開始すべく異性との「第二次親密性」を目指すか、の葛藤が本書の中心的な主題である。ときには周囲の仲間との熾烈な争いにも悲劇にもなりかねない、この成長のドラマがいかに動物一般のものであるかを証明すべく、著者はサルのたぐいはいうに及ばず、ガチョウやガンのような鳥類をも引き合いに出す。ビショッフの考えでいくと、インセストの回避傾向は萌芽的な形であっても、サル以下の動物たちのあいだでもみられることになる。

ビショッフのいう「第一次親密性」はフロイトのいうエディプス・コンプレックスの概念に近く、「第二次親密性」への移行にあたっては「倦怠反応」が大きな役割を果たすとされる。ビショッフ自身が認めるとおり、これはウェスターマークから得られた発想なのだ。著者は、とかく人間の行動パターンをそのまま動物一般に当てはめようとする立場にあると思える。実際、この本のなかには、今西錦司の「遠慮」説どころではない動物の人間化の実例にしばしば出会う。ハイイロガンは笑いに等しい叫び声を発する。瀕死の母親チンパンジーをいたわるために、その娘が禁を犯して母のそばで蠅を追ってやるのだ。

もっとも、動物行動の研究が飛躍的に進歩した今日では、ビショッフ説がそれほど突出していることにはならないようだ。ブライアン・マスターズの『人はなぜ悪をなすのか』には、道徳的とさえいえる、動物の愛他的な行為の例がいくつもある。また、ふつうはサル同士であっても血縁認知は困難とされているのに、サルばかりか他の哺乳類や鳥類についても、近親者の認知が明瞭に行なわれているとの研究結果があるといわれる（シリュルニク「インセスト的感情」）。

動物と人間

つい三〇年ほど前までは、動物世界を「物理的必然性の暗黒の王国」とみる見方があった。レヴィ－ストロースも、動物行動における規則性あるいは規範性の欠如を理由に、動物と人間、自然と文化のあいだに一線を画する立場であった。

ビショッフにおいては、人類と他の動物を隔てる壁はごく透過性の高いものだといえよう。「もっぱら生物学的な意味でのヒトの〈自然〉」が「あらゆる文化的な上部構造を支える基礎」であると彼はいう。ヒトには「ヒトを他のものと完全に区別するもの、他の霊長類も、全動物界ももっていないような特徴」のあることを認めつつも、「その特徴が動物的な最初の素材から一般的な発展法則に従って形成されたことに、何の矛盾も見出せず」、それは「前段階の形式、その法則についての知識なしには理解できない」（藤代・工藤訳）ものだと彼は言い切るのだ。

いたるところに広汎な学際的な知識と方法論を盛りこんだこの著作の豊穣さは、とても簡単な要約を許さない。その迫力に、インセストの起源論はこれでもう決着がついたのではないか、との思いが頭をかすめるくらいだ。

しかし、一歩退いて考え直すと、ここでもいくつかの疑問が頭をもたげるのを抑えることができない。動物起源説一般にもいえることだが、人間の性行動を、動物のそれと同一のレベルで論じてよいものかどうか。だいいち、いうまでもないが、人間のセクシュアリティはけっして本能だけで成り立つものではない。幻想こそが人間の本質かもしれず、私たちの性衝動はいつも現実の個々の異性を覆い隠すほどの、夢や物語と切り離せないものだ。岸田秀の「唯幻論」のように、人間において本能は崩れているのだ、人間には幻想しか残されていないのだ、との考え方もある。動物たちも、何かの夢を描きながら性行為を営むのであろうか。

また、ビショッフがウェスターマークの影響下にある以上、「なじみ」の理論に際して提起したような疑問はビショッフにも向けることができる。動物時代に遡るほど根深い禁止であるのなら、どうして極刑をもって罰せられねばならないのであるか。それにしては違反例が多すぎるのではないか。人間において、生物学的な血縁者以外にもタブーが向けられるのはなぜか……。

とりわけ、昔から世界の各地でインセストタブーが神聖さと結合し、その侵犯が凶作や天変地異を招くとされているのはどう考えるべきなのだろうか。動物に発するいわば自発的な抑制と、祭祀、呪術のような高度に人間的かつ社会的な制止とのあいだはどのように連繋するのであろうか。

もう一つ、フロイト理論を人類学に持ち込むのを峻拒する今西錦司と違って、ビショッフはエディプス説に親近感を寄せる。しかし、そのフロイトは『精神分析入門』で書いているのだ。「もし近親相姦が行なわれないように計らうしっかりとした自然の障壁があるとすれば、法律や慣習という形式で、なにもあれほどきびしい禁止をする必要はないはずだ。」ビショップはこの疑問にうまく答えているようには思えない。

要するに、インセストタブーを論じる以上、ビショップにしても動物起源論一般にしても、動物での回避と、人間での禁忌との相違や関連のあり方について、今一歩進んだ説明がなされるべきだと思えてならない。よしんばその回避が動物界に広く行き渡っているとしても、ことセクシュアリティに関する限り、動物と人間のあいだはやはり一線を画すべきではないだろうか。

この点、河合隼雄（「象徴としての近親相姦」）の意見は傾聴に値するだろう。インセスト衝動とその禁忌意識とのあいだで揺れ動きつつ、「その肯定と否定の統合の筋道に、その文化を築いてきた」のが人間の特徴だというのである。動物にはインセスト回避は存在しえても、攻撃性や性欲を「いかに意識的に抑制するか」（傍点は河合）への努力は無い。この意味で「近親相姦願望こそは、すぐれて人間的なもの」ではないか、と河合は考えるのだ。

動物での回避行動が明らかにされることで、インセストタブーの起源論が解決に向かって一つの前進を遂げたことにはなる。と同時に、そのことでまた新しい課題が持ちあがったのだということもできるだろう。

私たちはいよいよ、はっきりと人間の側に立つ、インセストタブーの文化的な起源論を検討しなければならない。

「交換」の理論――レヴィ＝ストロース

構造主義の古典としても名高い『親族の基本構造』は、レヴィ＝ストロースがインセストタブーを自然と文化のちょうど中間点に位置づけた労作として注目を集めてきた。よく知られているように、女性をその家族の私有物とはみなさず、一種の「通貨」として他の家族への「贈与」に委ねることを思いついて以来、人類は文化への一歩を踏み出したとするのが彼の主張の出発点である。

本書を論じたジョルジュ・バタイユ（『エロティシズムの歴史』）の巧みな比喩でいうと、自分の娘と結婚する父親や姉妹を妻にする兄弟は、ちょうど友人を誰も招待せず、独りでせっかくのシャンパン酒を飲み干す酒蔵の主人のようなものだ。女性を贈与と交換のサイクルにかけることによって、新しい親族が得られる。家族相互の交流と提携・協調の関係が成り立つばかりか、ネットワークの広がり、親族集団の拡大再生産によって平和維持に役立たせることもできる。

だから、インセストタブーとは動物以来の本能でも、遺伝上の恐怖に根ざしたものでもなく、もっと積極的に社会を生み出し動かす原動力だと考えねばならない。レヴィ＝ストロースによればそれは、「そのおかげで、それによって、またとりわけそこにおいて、自然から文化への移行が遂行される基礎的な手続きなのである」。

近親婚の禁止はこのように「互酬性（相互性）」の原則による社会構成上の責務であるから、単なる禁止というより、命令にほかならない。集団のなかでシャンパンを独り占めにする者はきびしく裁かれねばならない。人びとのあいだで進行する「交換」という行為にはそれほどの重みがあるのだ。

「近親婚の禁止は、母、姉妹、あるいは娘を娶ることを禁止する規則であるよりはむしろ、母、姉妹、あるいは娘を他の人に与えることを強いる規則である。それはすぐれて贈与の規則である。そして、あまりにもしばしば誤解されてきたまさにこの局面こそが、この禁止の性格の理解を可能にするのである。」

受け取ることは事実上与えることと等価になるから、贈与と受領のサイクルが次々と循環するあいだには、経済的には誰も得をしないし損もしない。しかしレヴィ－ストロースは、モースの「贈与論」の影響を受けて、人びとを結びつけ社会を押し進めるうえで、交換という行為自体のうちに、交換されるもの以上の価値が宿っていると考えるのだ。

近親婚の禁止を外婚制の推進と結びつける点だけでいえば、レヴィ－ストロースの説は必ずしも彼独自のものではない。人類学者マーガレット・ミードがニューギニアのアラペシ族の男になぜ自分の姉妹と寝ないのか、と聞いたとき相手から得た返答はしばしば引用される（レヴィ－ストロースもこの言葉を引いている）。原住民にしてからが、近親婚の社会的な不利益、したがって外婚制の有利さをよく知っているのである。

「何だ、きみは自分の姉妹と結婚したいのか。一体どうしたのだ。義理の兄弟が欲しくないのか。もしほかの男の姉妹と結婚すれば、そしてさらに別の男がきみの姉妹と結婚すれば、すくなくとも二人の義理の兄弟ができるのに、自分の姉妹と結婚してしまえば一人の義理の兄弟もできないことが、わからないのか。そしたら、きみは誰と狩りをし、誰と耕し、誰を訪ねたらいいのだ。」

レヴィ－ストロースの功績は、結婚が何らかの意味でつねに「交換」にほかならないと規定し、

「限定交換」と「一般交換」に分類したうえで、その規則性とメカニズムを精緻に解き明かしてみせてくれたことであろう（この詳細に立ち入ることは本書の範囲を出る。橋爪大三郎の『はじめての構造主義』に要領のいい解説がある）。

これらの婚姻規則が原始的な社会では複雑に入り組み、遠い親戚にまで及んでいくのに対して、生産と経済の活動が進んだ地域ではごく簡素なのはなぜかという疑問も、「交換」理論で説明がつく。前者では経済も政治も親戚関係で組織される部分が大きいのに、社会が進むにつれて公的分野での親戚関係の重要さがどんどん減少していくからだ。

レヴィ－ストロース説の有効性

婚姻制度の研究史上、どんなに画期的な業績だとしても、『親族の基本構造』に対して批判はやはりある。

根本的なところでは、人間において「自然」と「文化」とを、レヴィ－ストロースのいうほど截然と区別できるものかどうかと吉本隆明は疑問を呈する。人間の性は幻想の領域を包括し、レヴィ－ストロースが文化と呼ぶものもまた幻想と切り離せないからだ。それに、自然と文化の峻別は西欧中心の発想かもしれず、私たち東洋人にはもうひとつ実感が薄いということはあるかもしれない。

また上野千鶴子（『女は世界を救えるか』）によれば、いわゆるフェミニスト人類学の立場から、なぜ女性が交換要員にされねばならないのか、との疑義が示されているという。なるほど、レヴィ－ストロースとしては、生物学的にも社会的見地からも女性がいかに高い価値を持つかを説明するのだが、そのような見方がすでに、男性優位の立場を露呈したことになるのかもしれない。女としては「通貨」として他家に嫁がされ、ときには敵意に満ちた周囲のなかでよそものとして生きなければならないのに。

さらに、「交換」の理論は目的原因論の傾向が強く、このような合理的な理由から人びとがインセストタブーを守っているとは信じられないとの批判もある。また今村仁司（『交易する人間』）は、レヴィ-ストロースが同一視した「交換」と「贈与」の概念はほんらい峻別されるべきものだと考える。資本主義によって失われた「交換ならざる贈与」のありようが、いま再検討されねばならないというのだ。

しかし、いくつも批判が成り立つにしても、レヴィ-ストロースの主張のほうが、これまで検討してきた各種の起源論との比較において、ずいぶんと説得的に感じられる。それらに対して今まで提起した疑問の主なものが、ここで解消したように思えるからだ。

一つには、「では、なぜこれほどタブー侵犯の事例が多いのか」という疑問がそうだ。動物起源説や「なじみ」の理論のように、本能あるいは本能に近い「自然の障壁」を想定する立場に反して、「交換」理論では近親婚タブーは特定の目的のために人間が定めた禁止とされる。自然のレベルに拠らない、こんな合理的な禁令のほうが破られやすいのは道理であろう。レヴィ-ストロース説に対して合理性重視の目的原因論との批判が出るのは、むしろ避けがたいとしなければならない。数々のタブー破りが生じる危険を覚悟しても、社会の存続のためには近親婚は禁止されねばならないのだ。

このことはまた「では、なぜこれほど厳しい処罰が必要なのか」という疑問への回答にもなる。インセストタブーは「交換」目的では防御しきれないから、侵犯の可能性はつねに残る。そのためには、厳重な処置あるいは威嚇で臨むほかは無くなるのだ。さらに、神々や神にひとしい王族が平然と禁を犯すことも、同時に説明がつく。彼らは絶対者として、交換のサイクルの外側に位置しているのである。

すでにみたように、フロイトも有名なエディプス・コンプレックスの理論によって、インセスト衝動が人間にいかに内在的かを主張し、またその顕在化を防ぐために社会レベルでの禁制がどれほど必要となるか、を説いた。レヴィ－ストロース説から導かれる以上の二点は、したがってフロイトと呼応する部分を含むことになる。

もっとも、インセストタブーの起源としてフロイトは『トーテムとタブー』で、独自の「原父殺し」の説を立てる。原初の家族で、娘に対して性的な支配者であった横暴な父を、息子たちが団結して倒す。彼らは残された母や姉妹たちを性的対象とするのだが、そうなると今度は彼ら同士で争いが生じる。それを避けるために、協定を結んで家族相互の性愛を断念し、ここにインセスト禁忌の観念が発生したというのだ。

これがいわれなき仮説であってどんな歴史的な事実にも対応せず、フロイトは文化の発端でなくその現在を語っているのにすぎない、とレヴィ－ストロースの批判はきびしい。タブー成立の原因を社会維持と外婚制に求める点で、両者は共通の基盤にいるのだが。

文学書でいうと、オットー・ランクの『文学と伝説におけるインセストのテーマ』は、フロイトの高弟の手になるだけあって、禁忌が本能や遺伝上の恐怖からくるものではなく、もっぱら社会に由来することを繰り返し語っている。

インセストタブーの謎

近親婚禁止の由来については、他にも多種多様な見解がある。ローウィー（『原始社会』）は人間に内在する本能的な嫌悪で十分に説明が可能だとし、ラノワ、フェイレサンはいくらかビショップに似て近親のあいだの接近と反発との緊張関係で問題を考えようとする。ヘレン・フィッシャー（『結婚の起源』）のように、家族間の性関係からますます子供が増えることでの経済的な負担も原因に数えるべきだとする人もいる。

近親婚禁止の由来に関するすべての学説を網羅するのが私たちの目的ではないが、フランスの社会学者デュルケームの意見は一瞥しておく値打ちがあろう。外婚制の開始を説く点ではレヴィ＝ストロースと同じであっても、「血への恐怖」というごく即物的なところに立脚する、とてもユニークな主張である。

血は一般にタブーであり、なかでも女性が慢性的に流す生理の血は、その流血が行なわれる内密の場所とともに、起居を等しくする同じ家族の成員にとって、半ば宗教的な不安さえ交えた畏怖の対象となる。ところがこれは日ごろ接触のない、他の血脈の人たちにはタブーの度合いがはるかに低い。血の（したがって血縁の女の）持つ神聖かつ魔的な力にもかかわらず同族の女を犯した男は殺人者なみの制裁を受けざるを得ず、たいていの場合、男たちはこんな危険を避けて他の家族の女に向かうのだ。――デュルケームが「近親婚の禁止とその起源」で語るところはほぼこんなふうである。むろん種々批判はありうるが、インセストタブーの内面的な奥深さと社会性とを同時に視野に入れた、心惹かれる仮説ではある。

諸説乱立して譲らぬありさまに、社会学者レヴィ＝ブリュールのようにそんな議論をすること自体がむなしいのだ、と考えた人さえいる。原始の人間にとってインセストは、共食いや殺人と同様、意識されることすらない、当然かつ自明の禁止事項だったというのだ。

ここまで言われると戸惑いなしにはいられないが、一つの説ですべてを解明するのは困難だとの意見には耳を傾ける価値があるかもしれない。並び立つさまざまの説のなかにも相補的なものがありうるし、それらの統合のなかで、より説得的な方向を模索することも可能であろう。

さて、私たちはどう考えるべきであろうか。むろん、私たちはここでまったく新規な説を打ち立てる状態からは遠い。特定の一つの説に軽々に加担することも今は控えるしかない。だが、どんな説に拠るにせよ、インセストを人間の問題として、欲望と自制、衝迫と理性との際どい均衡のなかで捉えねばならないという気持ちはつねにある。人間において本能はすでに崩れたとする見方がむしろ正しく、事物との直接の接触を断たれ、いつも幻想に振り回されながら、放っておけば母や姉妹のうちに恋人を認めかねないのが人間の姿なのだ。

近親婚の禁止が「人間らしさ」の発生を促すのだとするジョルジュ・バタイユ（『エロティシズムの歴史』）の意見は、この点、貴重な示唆を与えるだろう。大枠でレヴィ＝ストロースの説に拠りながら、彼は「自分に属している物そのものを自らに禁じる者が行なう留保＝慎み」が「人間的な態度を規定するもの」（傍点はバタイユ）だとみなす。「それは一つの人間的な世界、そこでは尊重と慎みと遠慮が暴力性に勝るような世界の雰囲気を創り出すことに貢献する」というのである。まったく異質の思想家であっても、『星の王子さま』のサン・テグジュペリが、遺著『城砦』を始めとするいくつもの著書で、生涯「交換」すなわち自己贈与と連帯の人間的な意味を問いつづけたことを思い合わせることもできる。

交換とは社会を動かす原動力であるばかりか、人間の存立にもかかわる思想性を持つ概念である。エゴイストであるようでいて、自己を投げ出すことに意外と熱心なのが人間の姿なのだ。ユング派のロバート・スタインもまた、「近親相姦のタブーの主たる機能は愛したり、奉仕したり、献身するといった人間にだけそなわる能力と深い関係がある」のだといった。

今日のように社会的にも心理的にも人びとを駆ってインセストに向かわせる条件があまりに多い時代になれば、正面切ってインセストを擁護する言説に出会うこともそれほど珍しくない。こんな時代にあってもなお、近親間の性関係の抑止が基本的には揺らいでいないとするなら、それは今なお人間の奥底に宿る自己の「人間らしさ」への畏敬の念のしからしめるところなのであろう。

インセストタブーの成立には諸説ありうるとしても、つまるところ、それは「人間らしさ」あるいはその「尊厳」の意識がどのように獲得されたか、の問題に帰着すると考えるのが妥当なのではないだろうか。

となれば、同じスタインが「近親性愛の禁止の普遍的存在と宗教的衝動が密接に関係しているのではないか」と考えるのも、それほど不自然ではない。何らかの点でインセストを禁止しない民族が存在しないのと同様、どんな形でか宗教を持たない民族もまた無い。実証は困難だとしても、もしかして、人間社会が形成されるどの時点かで、ごく原始的な形態であっても、宗教意識の芽生えと近親婚禁止の発生とは軌を一にしているのかもしれないのだ。

ともあれ、宗教にふれないで、インセストタブーとその侵犯を論じることはできない。この禁止に違反するとは、上方あるいは下方へと、人間の規矩《きく》からはみ出ることにほかならないからだ。

これが、私たちにとって次章の課題である。

第三章　インセストタブーと宗教

私にとっては、近親相姦はきわめて稀な事例においてのみ、個人的な悶着の種を意味していた。通常、近親相姦は高度に宗教的な側面を有しており、そのために近親相姦の主題はほとんどすべての宇宙進化論や多数の神話のなかで決定的な役割を演じているのである（河合隼雄ほか訳）。

――『ユング自伝』

インセスト、神々の特権

中世ヨーロッパの暗黒部分をなすあの魔女の宴においては、悪魔に捧げるダンスが終わると参加者はカップルをなして行進し、息子は母との、兄弟は姉妹との交合に向かうのだと信じられていた。また、キリストを裏切ったユダにまつわって、オイディプスそっくりの物語が広く流布していたことをオットー・ランクは詳しく考証している。ユダほどの悪人には、母と寝た父殺しの運命がふさわしいというのであろう。

もう一つ、シャトーブリアンの「ルネ」(一八〇二)では、行為にさえ至らなかった姉と弟の深い愛に、事情を知った神父が呪いに近い憤りをあらわにする。姉アメリーが自分の欲望を恥じ、修道院に引きこもって聖女のような立派な死をとげたにもかかわらずである。「おまえの姉は、聖女としての純潔と徳と信仰心と栄誉を得られたが、そのすべてをもってしても、おまえたちふたりがいだいた、あのよこしまな悲しみはほとんど許しがたいものと言ってもよいのだ。」(辻昶訳)

近親性愛を忌避する動機のうちに、そんな行為が人間性に悖るものだという意識が内在するとすれば、これが神の名で禁止されるのも当然である。実際、歴史上、禁止の主たる担い手はおしなべて宗教の側にあった。侵犯に及ぶ以上は、ある絶対者の目を意識しないわけにはいかない。禁忌と侵犯のドラマはたいていの場合、宗教を軸にして行なわれることになるだろう。

イギリスでは英国教会の定める『血族と婚姻の表』が結婚できる相手の範囲を定式化し、一九〇八年までは近親姦は宗教裁判所で裁かれていた。キリスト教全体としては、いとうべき性関係として旧約聖書のレビ記一八章にこまごまと列挙された項目が最も古い禁止である。犯していけない相手として肉親はむろん、嫁や兄弟の妻、おじの妻まで含まれ、一人の女性とその娘の両方と関係することも禁じられている。イスラム教の『コーラン』第四章「女人の章」二二—二三節も結婚できない相手を定めるが、その範囲は乳母、乳きょうだいにまで及んでいる。これが世界の各地に間々見られる慣行であることは第一章で述べた。

日本の場合、インセストについての宗教側からの規制は、キリスト教世界の峻厳さに比べて、それほど強力だとはいいにくい。九二七年の延喜式に定められた、あの「己が母犯せる罪」「己が子犯せる罪」の条項を除けば、仏教を含めて日本の宗教で明文をもってこれを禁止した例は無いように思う。それでも氏家幹人の調査では、たとえば群馬県下の各地でいくつか双体道祖神の起源説話が残っているという。「兄妹相姦のみせしめとして道祖神像を建てた」とする伝承が語り継がれているのだ。超絶者の前でインセストを恥じる気持ちは、日本人にも無縁ではないのである。

しかし、驚くことに、神々によって厳重に戒められた掟は、同じ神々によって堂々と破られる。世界各地の神話を見れば明らかなように、人類の創造あるいは高貴な血筋の発祥に際して近親間の交合が機能しているケースがはなはだ多いのである。ギリシアでは、天空の神ウーラノスは母で大地の神のガイアを妻とし、オリュンポスの最高神ゼウスは姉妹のヘーラとも、娘のペルセポネーとも結婚する。創世記では原人アダムは、そのあばら骨から造られたエバと夫婦になるから、文字どおり骨肉を分けた者同士の結婚であり、アブラハムの妻サラはその異母妹なのである（創世記、二〇・一二）。アブラハムはユダヤ民族の祖先とされている。選民イスラエルは近親姦に起源を発することになる。

『古事記』によれば、天地が初めて開けたとき、混沌のなかから五組の男女対偶の神々が生まれ出たとされる。最後の一組が、のちに国造りを行なう「イザナギの神、妹イザナミの神」である。西郷信綱は、妹《いも》とは文字どおり「妹」と解されるべきであって、日本でも創造の始まりに近親姦があったことを認めるべきだと論じる（「近親相姦と神話――イザナギ・イザナミのこと」）。

世界中でこのたぐいの神話がおびただしく見られることをもとに、ロジェ・カイヨワは『人間と聖なるもの』において「近親相姦の神話は創造の神話であり、一般に人間という種の起源を説明するものである」（塚原史ほか訳）と結論をくだす。

吉田敦彦の論文「神話と近親相姦」が詳しく論じるところでは、世界各地の神話では、世界、人類、民族などが創造される過程においては近親婚は不可避とされ、積極的な役割を演じる。だがいったん秩序が確立されると、その秩序のなかでは近親婚は一転して不可侵のタブーとなるのだ。つまり、それは神がかかわる特権的状況では可能、人間レベルの日常においては不可能事なのだ。

日本の天皇家のように、一系たることを強調しようとすれば、どうしてもその起源にきょうだい婚を想定しなければならなくなるという事情はある。片岡啓治がうまく説明するように（「近親相姦の心理分析」）、本当は唯一の存在から家系が始まったと主張したいところだ。しかしそれでは生誕は男女の結合による、との人間的現実が無視されてしまう。そこで一系の聖性を保持するのに最も近い男女のペアーとして、きょうだいが選ばれることになるのだ。石田英一郎が「桃太郎の母」で調べたように、母・息子の組合せが始祖となるケースも無いわけではない。だが、これも西郷信綱が論じるように、親族関係が横に広がっていくうえで、かなめの役をするのがきょうだいである。きょうだい婚のほうが「豊穣」のイメージを宿しやすいのだ。

一方、神話の世界では、秩序の創造が必ずしも問題にならないところでも近親婚、近親姦が行なわれることがけっして珍しくない。事例の豊富なギリシア神話は今は措き、旧約聖書だけをとっても、直ちにいくつもの例を挙げることができる。ダビデ王の息子アブサロムは、兄アムノンが妹タマルを犯したのを憎んで彼を殺す（サムエル記下、一三章）。ノアの末子ハムが父に厳しく呪われたのは、彼が酔って寝ている父に性的暴行を働いたからだとの解釈がある（創世記、九章）。またモーセは甥・叔母の結婚から生まれたから（出エジプト記、六・二〇）、彼の両親は息子モーセが主から示される戒律にあらかじめ違反したことになる。レビ記一八章の禁止リストには甥・叔母の関係も含まれているのである。

そのほか、ヤコブがおじラバンの二人の娘レアとラケルを妻とする（創世記、二九章）のは、レビ記の規定はいとこ婚を禁止していないにしろ、やはり近親婚である。すこしわかりにくいが、オットー・ランクはカインが兄アベルを殺すのは、母エバの愛をめぐる性的ライバル関係に起因するのだとの解釈を示す。

しかし、何といっても旧約聖書全体でのインセスト事例で最も有名なのは、創世記一九章でのロトのケースであろう。義人ロトの娘たち二人が父をよく眠らせたうえで、父と交わり、それぞれが一人ずつの男児を得たというのである。姉の子はモアブ人の、妹の子はアンモン人の先祖となる。インセスト行為にふける人たちが格好の自己弁護の具として使う出来事である。娘たちが生んだ両民族ともイスラエルの民とは敵対関係に陥り、聖書には彼らを激しく罵る文言が出る（詩編、六〇・一〇、ゼファニヤ書、二・九）。吉田敦彦がいうように、彼らを父子姦から生じた連中とみなすところに、イスラエル民族の敵意が表われているのかもしれない。

「親と子がしたらあかんて誰が決めよってん」「そや、日本の神様《かみさん》なんか、親子兄弟入りまじってえらいもんやで」（野坂昭如『エロ事師たち』）とは誇張の気味があるにしても、神話のたぐいに近親間の交わりが頻出するのは事実である。これが神々の特権であるがゆえに、人間には禁止されねばならなかったのであろうし、他のもろもろの権能とともに、この特権の専有によって、人間との格差がなおのこと際立つことになる。あるいは一種の「代理満足」として、禁じられたインセストに対して人間の奥底に巣食う、畏怖を交えた願望が神に仮託されるのだ、と考えることもできよう。

いずれであっても、レヴィ＝ストロースをもじっていえば、自然と文化の分岐点とともに、神と人間を分かつ境界にもインセストが位置することがわかる。人間に禁じた快楽を自分では享受し、実例を示す一方で厳しい禁令を課するのが神のあり方なのだ。こんなところから、イザベル・クルジフコフスキーは、十九世紀末のヨーロッパ文学をもとにして、何だか神によって人間がからかわれているような感じ方が出てくることを指摘している（「タブーと理想のあいだ――世紀末のインセスト」）。人間との関係において、超絶者が矛盾した、重層的なスタンスを取るのはそれほど珍しいことではないのだが。

高貴な血筋とインセスト

小説家ジョン・アプダイクは、「強姦は下層階級の、姦通は中産階級の、近親相姦は貴族階級の性的罪悪である」といったという。

第一章で詳しく調べたように、支配階級において近親婚がほとんど制度的に行なわれた例は、歴史上、それほど珍しくない。日本の天皇家に限らず、絶対権力者はしばしば神聖不可侵な、神に等しい存在である。国王はこの世の超絶者として、手を触れるだけで病気を治し、作物を実らせ、数々の奇跡を行なう。そんな王たちには、畏怖と禁忌と特権のイメージを濃厚にたたえたインセスト行為がふさわしいのであろう。

古代エジプトやインカ帝国、ハワイの最上層階級での近親婚についても第一章でみた。付け加えておけば、古代二元論のマニ教の社会には世襲の祭司職を構成する上層のカーストがあり、近親婚によって守られる血筋によって受け継がれていた。中央アフリカのアザンデの部族でも、貴族たちは自分たちの娘を妻としていたといわれる。

日本の天皇家でどれほど頻繁に近親婚が行なわれていたか、驚くほかはない。人皇第六代の孝安天皇は姪の忍鹿《おしか》姫を妻にして孝霊天皇を生み、日本武尊はおばの伊理毘《いりび》姫とのあいだに仲哀天皇を生む。仁徳天皇は腹違いの妹を二人まで妻にし、履中天皇も腹違いの妹と婚し、欽明天皇は姪の石《いし》姫を妻にして敏達天皇を生む……。後藤源太郎は前に引いた『近親結婚と母系制』で、主として『古事記』に依拠して神武天皇から天武天皇にいたる歴代の天皇の婚姻の状況を徹底的に調べ上げて系図にしている。崇神帝から仲哀帝までの結婚総数二九、そのうち近親婚五、応神帝から武烈帝までは三六のうち一二、継体帝から推古帝のあいだでは二四のうち八、といった具合である。ただ、その多くが異母姉妹か姪を娶っていることは留意しなければならない。上代では、これらはとりたてて禁忌とはみなされていなかったのである。

個人のレベルであっても、ローマ教会を継ぐ「神の代理人」たちにも、ときどきインセストのうわさがまとわりつく。サヴォナローラを処刑したことで有名な、不品行で鳴るボルジア家出身のアレキサンデル六世（一四九二―一五〇三）に、娘ルクレチアとの醜聞のあったことは前章でみた（B級フランス映画だが、オムニバス形式の『インモラル物語』には、サヴォナローラが火刑台で息絶えようとするその同じときに、教皇と息子のチェーザレが一緒になってルクレチアを相手にする場面がある）。ジャスティスによれば、教皇ヨハネス十二世（在位九五五―九六三）が退位したのは母や妹たちとの忌まわしい関係のせいである。パウルス三世（一五三四―一五四九）もまた、妹とのあいだで不倫関係を結んだと噂された。

宗教と直接の関係がないところでも、昔からインセストの事例のかなりの部分が特権階級の人たちで占められている。これまでに名前を出した人たちのほかに、噂だけであっても、ローマ皇帝ネロは母アグリピナと、将軍足利義政の妻日野富子は息子義尚と、織田信長は妹お市の方と、密接な関係で繋がれていたとよくいわれる。十八世紀フランスのダミアンが下賤の身でルイ十五世に近づき、ごく軽い傷を負わせただけで、拷問のあげく、無残な四つ裂きの刑に処せられたことは歴史に名高い。このとき彼が王にいさめようとしたのは、そのインセスト関連の素行だったとする説がある。王をからかう小唄やパンフレットのたぐいが、パリの民衆のあいだに出回っていたのである（ダストール『最大の禁忌をめぐる変奏』）。

王たちにすれば、人間の規矩を超えて神の塁を摩することが権力者たるあかしなのだ。王者たるもの、自分たちの生活の全般が民衆の状態から隔絶していなければならない。性行動に関しても、彼らの掟と臣下の掟を極端なまでに区別することが必要なのだ。高貴な家系でさかんに近親婚が行なわれたのには、第一章でふれたように血の純粋さを守るという、もうすこし実際的な動機も加わるとしても。

フロイトは「強迫行為と宗教的礼拝」で、悪業について一種の特権の移動が行なわれることを論じている。「古代宗教の発展を見ると、人間が〈罪悪〉として放棄した多くのものが、神に引きわたされ、その後は神の名で許されていたこと、したがって、神への委託は、人間が邪悪な反社会的欲動の支配から解放される道であったこと、が認められる」（山本巌夫訳）というのだ。とすれば、インセストのようなおぞましい欲望が神の手に委ねられ、神と同等と自負する王たちに移行するのだから、王たちはまさに神の高きを迂回して、人間以下のおぞましさに下落していくのだということになる。「王家と魔法使いは恥知らず」「殿様と犬は血縁におかまいなし」などいう諺は、世界のあちこちにある。

神の近くに身を置く、あるいは身を置いたつもりになるとは、考えてみれば、はなはだ危険な状態なのだ。神に引き渡された悪を身に浴びるリスクを背負うのであるから。マルグリット・ド・ナヴァールの『エプタメロン』（一五五八）には、妹を孕ませながら最後までしらを切る、世間では高僧で通った司祭の物語がある。いわゆるゴシック演劇の代表作ウォルポールの『謎の母』（一七六八）では、悪辣な修道士が一家の秘密を嗅ぎつけ、ことさら近親婚が遂行されるよう暗躍を重ねる。聖職者をあしざまに描くのは、昔からヨーロッパ民衆文学のいわば定番ではあるのだが。

それにしても、近親間の交わりは、神々と、特権階級が進んで実行するところなのだ。おぞましい行為であるインセストの周囲に、むしろ神聖な、心惹かれる行為というイメージが付着するのは当然の成り行きであろう。

ヨーロッパのロマン主義文学、とりわけ世紀末の末期ロマン主義の作家たちがインセスト、あるいはそれに近い愛情のあり方を作品の主題にした例は少なくない。バルベー・ドールヴィイの『妻帯司祭』（一八六五）、エレミール・ブルジュの『神々の黄昏』（一八八四）、カチュール・マンデスの『ゾハール』（一八八六）、ダンヌンツィオの『死の町』（一八九八）……。マリオ・プラーツの大部な世紀末文学論『肉体と死と悪魔』には、この種の文学作品の例がふんだんにある。現実に貴族の身分でなくても、あらゆる自我を心情的な貴族に仕立てるのがロマン主義のロマン主義たるゆえんである。ときには瀆聖を顧みず、俗世間の価値基準から思い切って離れようとする、彼らの精神的な貴族主義が彼らを駆ってインセストに接近させるのであろう。「人間というものは、たとえそれが不幸であっても、異常なことでさえあれば、それを楽しむものです」と、「ルネ」の主人公はいった。

このようにして悪徳をなしうることが、むしろ貴族たるあかしとなるのだ。中世ヨーロッパ最大の幼児殺戮者ジル・ド・レは、ブルターニュ最大の名門貴族であった。武烈天皇がやってのけた、妊婦の腹を割いて胎児を取り出したり、女を裸にして馬と交接させたりなど、口にするのもはばかられる暴虐の数々が『日本書紀』に語られている。前世紀末のロンドンを騒がせた「切り裂きジャック」が実はイギリスの王族であったとの研究もある。「美しき罪は、美しき物と同じく金持ちの特権なのだ」（『ドリアン・グレイの肖像』）と、オスカー・ワイルドは傲然と言い放った。

穢れと聖性

このように、インセストのように汚らわしい行為がもう一方で神聖化されるというのは、しかしそれほど不自然な心の動きではない。「神聖さと徹底的な猥雑さとは、いずれも〈手を触れることができない〉という意味で似ている。」（三島由紀夫『音楽』） ロジェ・カイヨワが詳しく調べたように、同一の言葉が穢れと聖性を意味する例は世界各地に非常に多い。英語の sacred やフランス語の sacré の語源であるラテン語の sacer が、「聖なる」とともに「忌まわしい」を意味するようなケースである。「聖なるものは至上の誘惑であると同時に最大の災厄である。（……）その原始的形態において、聖なるものは、なによりもまず危険で、理解不能であり、扱い難く、すぐれて有効なエネルギーとして現われる。」（カイヨワ『人間と聖なるもの』）

浄も不浄も一般の使用から遠ざけられ、人を惹きつけてやまないものは同時にその誘引の強さ自体によって畏怖感をおびる。前章の終わりでふれたデュルケームの「血への恐怖」の理論のように、戦慄と神秘、恐怖と魅惑は区別できないことが多いのである。

実際、インセストをめぐる東西の神話・伝承のたぐいを見渡すにつけ、肉親同士の交わりの持つ意味作用がマイナスとプラスの両方に極端に分かれるのに気づく。

『日本書紀』にある木梨軽皇子とその妹との交情が露見したのは、夏六月に天皇の御膳の汁物が氷のように固まったのがきっかけであった。知らなかったとはいえ、父を殺して母と結婚したあの悲劇の王オイディプスの周囲にどんな惨事が相次いだか、恐ろしいばかりである。自然が枯渇して作物は実らず、疫病が蔓延。すべての事情が判明してからは、妻すなわち母のイオカステは縊死し、オイディプス自身も自分で両目をくりぬく。二人の息子はたがいに争って死に、娘の二人も若くして世を去ることになる。

世界のあちこちでインセストの前に人びとが恐れたじろいだのは、かなりの場合、それが異変と災厄と不幸の原因になると信じられたからである。ジャワ島には、母と息子、父と娘の交情は神を怒らせ、その祟りとして子孫が二、三代に及んでハンセン病になるという言い伝えがある。ミクロネシアのヤップ島では、きょうだい間の交わりによって当人に限らず、父方の親族の誰かが二ヵ月以内に病気や怪我などで死ぬと信じられていた。インセストが豪雨や凶作や不妊を招くと考えられていた例は数多く見出せるだろう。

アフリカのスーダン系のルグバラ族の感じ方では、妖術師は通常の人間とまったく違った特性の持ち主であって、近親姦を行い、人の肉を食べ、夜は逆立ちして歩くとされる。インセストもまた、文化のシステムのなかで、変則性とあいまいさを伴い、カテゴリー間の重複領域に属するゆえに「魔性」をおびる。うさん臭い、得体のしれない不気味なものは、厭わしい神秘性をもって見られやすいのだ（吉田禎吾『魔性の文化誌』）。

ウォルポールの『オトラントの城』（一七六四）やM・G・ルイスの『修道士』（一七九九）、それにホフマンの『悪魔の霊液』（一八一六）のような、一時期ヨーロッパに流行したいわゆるゴシック小説においても、インセストはおなじみのモチーフである。閉ざされた城や僧院、地下迷路といった道具立てと並んで、「呪われた出生」のテーマが作品のまがまがしい雰囲気を盛り立てる。深く秘められた家系の謎が、しばしば物語の遠い発動源となるのである。

前章でも論じたように、近親結婚は好ましからざる遺伝子を発現させるというのが、私たちの常識的な理解である。呪われた家系の主題はそんな前提に訴えて、まことらしさを高めるだろう。

災いにして幸運

しかし一方、アフリカ、マラウィの部族は、戦いの前に母親や姉妹と交わった者は弾に当たらないと信じていた。ふだんはインセストが厳重に禁じられているにもかかわらず、狩猟、出漁のときは最近親の女性と関係を結んでから出発するという風習は、やはりアフリカのトンガ族にも、マダガスカルの部族にもある。バーイラ族にとって、インセストほど凶悪で恐れられる行為はないが、難しい計画に成功を収めようとする者は、自分の姉妹とこの罪を犯す。シベリアのヤクート族は、娘を処女のまま結婚させれば不幸に繋がると考え、兄弟があらかじめ彼女相手に性行為に及ぶのだという。

日本の『今昔物語集』にも『宇治拾遺物語』にも、船で無人島に流れ着いた兄と妹が夫婦となって子供を生み、代を重ねて島に余るほど子孫が繁盛したという物語がある。近親結婚による天地創造という世界共通の神話の小型版である。

インセストがその霊力をもって反転、好ましい結果を生むという例もまた、このように稀ではない。本当に、呪術とか魔性とか、超自然的な力は正負の両様に働くのだ。処刑された罪人の遺体が崇拝の対象となったり、人が吊るされた綱が効能ある薬とされる風習もある。例えばアフリカ、南モザンビークのトンガ族の男たちが長期間危険なカバ狩りに出かける前夜、実の娘と同衾するのは、まさに悪行を犯すからこそ、偉大な行為をなしうるという前提があるからである。

もう一度カイヨワの言葉を借りれば、「火が善と悪とを同時に産み出すように、聖なるものも吉凶両方の作用を及ぼす」。倉橋由美子の言い方で繰り返せば、「聖性と悪とはシャム兄弟のようにわかちがたく抱きあって」いるのだ（『聖少女』の「作者の言葉」）。

近親結婚はたしかに遺伝的に劣悪な結果を生じるかもしれない。だが、劣悪すなわち例外者を発生させるというのは、抜きん出て英雄的な者の誕生の可能性をも含むことであろう。北欧神話の『ヴェルスンガ・サガ』、およびそれに依拠したワーグナーのオペラ『ニーベルングの指輪』第一部『ワルキューレ』（一八七〇）がそのことを示す。ジークムントとジークリンデは双子の兄妹、その二人から生まれるのが、のちに果敢な冒険の生活を送る悲劇的な英雄ジークフリートである。しかもワーグナーにおいては、双子の二人は自分たちの愛に何のためらいも抱かない。「この兄にとって、きみは花嫁にして妹……／ヴェルスングの血に、栄えあれ！」（高橋康也訳）　彼らにとって、インセストとはきょうだいの愛と男女の愛とが相乗し、強化される形なのであった。血縁と恋愛という二重の絆を誇るのは、侵犯者にしばしば見られる自己擁護の言い分ではあるが。

英雄誕生譚としてのグレゴリウス教皇伝説のことはのちにふれる。最近の文学から例を加えると、アゴタ・クリストフの『ふたりの証拠』（原題『証拠』一九八八）には、父娘の関係から生を得た薄幸なマティアスが姿を見せる。インセストの影響を二重にかぶったのか、極端に不利な身体的条件と、抜群の知性および気品を備えた、このけなげな少年の姿は忘れがたい。

余談めくが、日本の小説からもう二つ小さなケースを引いておこう。柴田錬三郎の『赤い影法師』（一九六〇）と坂口安吾の「女剣士」。どちらも剣豪小説である。両方に親子のインセストが見られる（前者は母息子、後者は父娘）。本人に気づかれさえしないで、対戦者の胸から肋骨の一本を切り取るなどという神業に近い秘術の継承には、神秘に似た相姦行為がそぐうのであろうか。狩りの上首尾を願って娘を犯したアフリカの戦士のように。

インセストを容認する宗教

先にみたように、インセストに対して世界の宗教はおしなべて禁止のスタンスを取る。だが、強い制止の一方で、これは神々および神に近い（と自負する）人間たちの実行するところであり、神秘な、幸運を呼ぶ力さえ付随しうるのである。これを容認する宗派が出現してもけっしておかしくない。

果たして、ゾロアスター教においては、父と娘、息子と母、兄弟姉妹のあいだの結婚は教理の一部として推奨され、最高の善行でさえあった。教典『アヴェスタ』の「ヴェンディダード（除魔書）」のなかでは、近親婚に踏み切った人の尿を浄めに使用することが説かれる。後期ゾロアスター教の宗教書、とくにパーラヴィ文書においては、これは最も完全な婚姻の形式として賛美され、近親同士の性愛には悪霊を滅ぼし、天の救いをもたらす宗教的な功徳が宿るとされる。高徳をもって聞こえた聖職者アルダー・ウィラーフが最も称賛されたのは、みずから近親婚を実行したことであった。彼は七人の姉妹を妻としたのである。

モンテスキューの『ペルシア人の手紙』の一挿話「アフェリドンとアスタルテの物語」は、ゾロアスター教を奉じる兄妹の悲恋の物語である。二人はイスラム教徒のあいだで暮らしながらも、迫害の苦難に耐え抜き、たがいの愛を貫くのだ。自分たちの愛は「その宗教が許すというよりは命令し、また自然によってすでに形成された結合のありのままの姿である、あの聖なる縁組の一つ」にほかならないと確信したうえでの行動であった。

多くの民族でタブーとされるこの行為を勧めたことによって、このペルシアの新しい宗教に対する人々の反感はつのったといわれる。だがゾロアスター教にすれば、近親婚の推奨には、宗教的な意味ばかりか、家庭内の調和にとって好ましいという現世的な意味合いもあった。よそから来た気心の知れぬ花嫁によって、一家の財産が食いつぶされることだって無いとはいえないからだ。

一八三〇年、アメリカのジョゼフ・スミスが創始した千年王国思想の一つであるモルモン教が一夫多妻制を取り入れたのは有名だが、信徒たちがその共同体で近親婚を行なっていたとの風評は根強い。レヴィ＝ストロースも「モルモン教徒の厳格な内婚制」について言及しているから、単なる噂ではなかったのかもしれない。娘や姉妹は教会外の結婚をすべきではなく、真の信仰を持った夫が見つからなければ父親と結婚したほうがましなのである。彼らからみて、レビ記の禁令は当時荒廃のうちにあったイスラエルの人々の結婚を規制する意味があり、のちの世の人たちのためではなかったのだともいわれる。

何しろユタ州に強固な宗教共同体を築き、長期に及んでワシントン政府と鋭く対峙した宗派のことである。政府の強硬な申し入れに、泣く泣く一夫多妻の教義を放棄したのだった。現実の人間にかかわるすべてより、自分たちの考える信仰の理想を徹底させようとすれば、一夫多妻制ばかりかインセストタブーでさえ簡単に乗り越えられるのであろう。

イヴ・ベルジェの小説『南』（一九六二）のなかで、姉と性関係を結ぶ主人公、南フランスの一青年はあるとき、自分はイリノイ州カルセージの牢にいるジョゼフ・スミスだと漠然と夢想にふける。モルモン教の創始者ジョゼフ・スミス(一八〇五―一八四四)とは、一介の農夫の身でお告げを得て新しい教会を立ち上げ、波瀾の生涯のあげく暴徒に虐殺された男である。現にインセスト行為に落ち込んでしまった青年にとって、インセストを容認した大先達(?)の運命はとてもひとごとには思えなかったのであろう。

思い上がりの危険

キリスト教の異端運動を問題にするとすれば、古代のグノーシス主義に始まる二元論思想に目を向ける必要があろう。天上にいる真の神以外に、もう一人創造者たる偽の神、いってしまえば悪魔を想定するのがその特徴である。この世は真の神ではなく、この悪魔の創造になるとするのだ。われわれの生きる世界になぜこれほどの悪と悲惨と非道が横行するのか、その説明として有効ではあろう。だが、このような極端な悲観論は悪を人間の本質として措定するから、人間はどうやっても悪を避けることができなくなってしまう。悪を働くことがむしろ人間の自然だということにならざるをえない。

私たちは、グノーシス主義の系譜につらなる中世フランスのカタリ派について、以前一冊の本を著わしたことがあった(『異端カタリ派と転生』)。二元論思想の持つ、悪を野放しにする危険についても十分に論じた。実際、我が身にこびり付く悪を削ぎ落とすべく清廉一筋の生活に徹した有徳の聖職者が尊敬を集めたその一方で、カタリ派の外郭部分でかなりの乱倫・放埒がはびこったとの指摘も無視できない。ほんらいインセストごとき逸脱はカタリ派思想にまったくなじまないのに、末期になると一派の聖職者自身が、神は実の妹、あるいは血の繋がる者との結婚を禁じていないのだと説いたことが、当時の異端審問記録からわかる。付け加えておけば、カタリ派はグノーシス主義の通例として、新約のみを聖典とし、旧約聖書を認めていなかった。旧約にあるレビ記の禁令は、彼らの眼中になかったのである。

二元論思想のもう一方の危険は、偽の神の羈絆から脱却すべく、悪にまみれた俗衆を尻目に苦行と錬成の甲斐あって、並みの人間のレベルを突破した（と信じる）完徳者たちにある。彼らは真の神と合一した、あるいは神そのものになりえたと自負、世俗のもろもろの拘束と各種の倫理規定から自由になったと思い込む危険に陥るのだ。皮肉にも、高く昇ろうとすることによって、彼らは逆に不純・放縦・不道徳の低きに転落するのである。

十四世紀末から十五世紀にかけてドイツに興った自由心霊派の異端者は、まさにこの逆転の論理をもてあそんだ人たちである。神と同格に至った人間には罪はありえない。彼らは心霊の自由を獲得したのであって、性道徳のすべては物の数ではないのだ。自分たちは姉妹や母親と交わることができる。なぜならば、他人よりも近親者と関係するほうが自然である。姉妹はこの交接によってかえって貞節をますものだ、とぬけぬけと言い張った記録が残っている。ただ、彼らがこの主張をしばしば実行に移したかどうかは、もう一つ定かでない（樺山紘一「自由心霊派異端について」）。

私たちはここで宗教論に深入りするつもりはない。しかし、超絶者と強度のかかわりを持つ分だけ、宗教には人間を一種の思い上がりに導く危険がつねに伏在することは述べておく必要があろう。アンドレ・ジードは小説『田園交響樂』（一九一九）で、プロテスタントの信仰が含む、人を盲目に導く危険を物語ってみせた。

現代イギリスの作家キャスリン・ハリソンの『キス』（一九九七）の主人公もまた、周囲からの信頼の厚い優秀なプロテスタントの神学者にして牧師である。彼はさして苦悶するふうもなく、わが娘と性関係を結ぶ。神から授けられた権利により娘は自分のものだ。神が娘を通じて彼に啓示を与えてくださったのだ。特権意識に固まったその論理に、何のよどみもない。娘のほうは父が神の話を持ち出すたびにめまいがし、気分が悪くなる。彼女はぽつりと呟くのだ。「ほんとうに神がそうおっしゃったの？　どうしてわかるの？」（岩本正恵訳）

竹下節子の『カルトか宗教か』に、チベット仏教の主流派であるゲールク派の僧に課せられる「四つの大戒律」が述べられる。そこには人を殺さぬこと、盗まぬこと、性関係をもたぬこと、と並んで次の戒律が含まれているのである。すなわち、覚醒して仏陀になったとか、仏陀の姿を見たとか、慈悲や愛や智恵などの霊的徳を成就したとかを自分で口にしてはならないということ。僧がこの戒めを破ると、他の破戒と同様、すぐさま破門されてしまうのだという。

信仰実践には、絶対者への無限の接近のほかに、そこからの無限の隔たりの意識もまた不可欠なのであろう。

性の自由と宗教

いうまでもなく、性現象と宗教、性的欲求と信仰とは近しい概念である。信仰のためにも、性衝動のためにも人は命を賭ける。どちらも愛の問題であり、どちらもある絶対を希求し、どちらも忘我と恍惚と逸脱への可能性をはらむ。一方が肉体、もう一方が精神にかかわるとはいえ、現実には二つを区別できないことが多い。キリスト教の純粋志向がかえって不規則な性行動への道を開きかねないことについても、私たちは以前の著作で詳しく論じた（『プルーストと同性愛の世界』）。

魂の優位を信じる立場からいえば、肉体は滅びに至り、たましいは死なない。肉体が真の救済に繋がるかどうか、大いに疑問だということになろう。だとしても、性衝動の迫力と魅惑は否定のしようもない。現世を生きるのにあたって、性愛の積極的な肯定を教義の中心に据える宗派はどうしても生まれるだろう。

端的には、十九世紀のアメリカに出現した奇怪なユートピアの試み「オナイダ・コミュニティ」がいい例である。一八四八年、教組ジョン・ハンフリー・ノイズが共鳴者数百名を得て、ニューヨーク州北部のオナイダ湖近くの農場で共同生活に入る。目標とするのは性のコミュニティ管理、早くいえば複合婚。夫婦関係は解消され、男女二人だけの排他的な愛はスペシャル・ラヴの名でエゴイズムとして糾弾を受ける。親が自分の子供を可愛がることすら、非難さるべきスペシャル・ラヴであった。

キリストの説く隣人愛とは万人を区別なく愛することだとするのが教理の出発点であり、ここに性愛の賛美も加わる。性交には神の霊が流れこむ機能があるのだとも説かれた。

彼らの意図において、これが単なる乱交でもフリーセックスでもなかったことは言っておかねばならない。すべては中央委員会の管理下に置かれ、淫乱はきびしく排除された。相手の異なる夜毎の性交は「自己が完全な存在であることを立証するために」「秘跡執行の厳粛さ」をもって行なわれるべきものであった。

そのうえ、ノイズは優秀な子孫を残すための優生学的な生殖実験を企図し、生殖をコントロールするための委員会まで設けた。そしてその際、同種繁殖つまり近親姦こそ有効な方策だというのが、ノイズ独自の信念だったのである。ユダヤ人種が優秀なのは同種繁殖のおかげだと彼は考え、そのほかにも近親婚がよき血を保持する実例をいくつも引き合いに出した。

自分の優秀な血統こそ再生産に値するとして、ノイズは自説どおりインセストに踏み切る。彼は弟ジョージの娘とのあいだに男子を作り、妹の娘にも子供を生ませたのである。

オナイダ・コミュニティの生活は、三一年しか続かずに（三一年も続いて？）終りを告げた。信仰と性衝動と科学思想が主観的な思い込みのなかで混ざり合うとき、どんな奇妙な結果に至るか、これはその一例である（オナイダ・コミュニティについては倉塚平『ユートピアと性』を参照）。

日本においてなら、立川流が思い浮かぶ。平安時代に京都醍醐、三宝院の僧仁寛（？—一一一四）によって創始され、部分的に、南北朝時代の文観弘真（一二七八—一三五七）に受け継がれる真言密教の一派である。立川流の名は、文観が武蔵国、立川の陰陽師と結んで教理を編んだところからくる。

密教はもともとその成立地のインドからすでに欲望肯定の色彩が強いが、立川流もまた徹底して性愛の賛美を正面に押し出す。「婬欲をもって極楽となす」「男女の婬楽をもって、一心平等の娯楽となす」。男女の交合こそ悟りへの道、即身成仏の手段なのだ。ただの肉体の喜びというより、狭い自我の枠を打ち破って、広く他者との一体感を築くのが目標であるから、精神性もそれなりに用意されているのだが。

立川流がインセストを容認した事実はたぶん無い。むしろ、人間の誕生の場として「父母」の意義を強調する部分があるから、家族制度の無視にまでは踏み込むつもりはなかったのかもしれない。

しかし、これは手放しの性愛賛歌を唱えて、何としても「邪教」と断じざるをえない宗派である。死体から髑髏を採取し、それに男女の和合水を一二〇回塗り重ねたうえで、香を薫いていぶすなどという、おどろおどろしい儀式まで実際に行なわれたのである。性愛の賛美と、性関係の自由さとは区別しにくいものだ。その周辺に怪しい風評がつきまとってもやむをえないだろう。

ここまで過激な性思想は、当然、大衆小説の格好の主題となる。寺内大吉『歓喜まんだら』（一九六〇）、富田常雄『鳴門太平記』（一九六一―六二）、黒須紀一郎『婆娑羅太平記』（一九九八）……。黒須のものを除き、『歓喜』にも『鳴門』にも、父と娘の交合の場面が出る。前者は立川流が昭和十年代の日本に復活したとの設定による金と欲と政治までからんだ風俗絵巻であり、後者には立川流とまったく同じ教義をふりかざす江戸時代の（たぶん架空の）道鏡ならぬ「堂鏡」なる怪僧が登場するのだ。いったん亡んだ立川流の教説が、伏流として江戸時代に受け継がれたこと自体は間違いがない。それにどんなに時代が移っても、性と聖は、むしろ自然な結合として人びとの想像力に訴えるのであろう。

宗教そのものを論じるのは本書の目的ではないが、これまで見てきた以外にも、あちこちの教団が性衝動の強烈さを教義に組み込み、ときには耳を塞ぎたくなるほど放恣・異常な主張を展開することはさして珍しくない。例えば一九九四年以来、スイス、カナダ、フランスを舞台に世界を震撼させ、五三人が集団死をとげた、あの「太陽寺院」の事件。この教団ではセックスが信者の義務の一つであり、オナイダ・コミュニティに似て次々とパートナーの組み替えが行なわれていた（辻由美『カルト教団 太陽寺院事件』）。

また、オウム真理教に強い影響を与えたことで知られる、チベットの密教。八世紀の中ごろに成立したとされる『秘密集会《ひみつしゆうえ》タントラ』なる経典では、ブッダの吐く言葉として、「殺生をなす」ことも、「他人の財貨に愛着し」「妄語を喜び」「糞尿を聖なる飲食とする」ことも、すべて人間性超克の手段として肯定、むしろ奨励される。他の愛欲の行為と同様、家族間性愛はむしろ堂々と実行されねばならないのだ。

成就を求める者にして、自らの母と自らの娘を愛欲するであろう者は、広大なる悟りの境地に、大乗の最上の法性に到達するであろう（津田真一訳）。

そんな人は「遍在する仏母を愛欲」することになるから、「愛欲の行によって汚され」ないというのがこの一派の主張なのだ。「無分別にしてこのような行を営む思慮あるその人」にこそ、ブッダたることが約束されるというのである（引用は正木晃『密教の可能性』から。宮内勝典のオウム真理教論『善悪の彼岸へ』にも興味深い言及がある）。

モンテスキューは『法の精神』で世界中の近親婚の慣習を論じながらいった。「とても信じられないようなことであるが、宗教的な観念がしばしば人間をこうした迷妄に陥れたのである。」本当に、宗教に名を借りると、どんな放恣も逸脱も是認されてしまう。宗教とは、そこにあらゆる種類の極論を盛り込むことのできる器であろう。宗教の名でどれほどの残酷と暴力が横行するか、私たちは知りすぎるほど知った。

こんな反省からか、このごろでは宗教は、性、金銭、権力など現実社会の生々しい問題と関係を持つべきではないという議論が行なわれているという（海野弘『世紀末シンドローム――ニューエイジの光と闇』）。一部で「天使ブーム」がうんぬんされているのも、欲望ばかりぎらぎらさせた俗悪にして権力的な信仰者を見飽きたからであろうか。

とはいえ、純化され、意識の上澄みだけを掬った信仰のあり方が、果たして人を救えるのかと疑問を挟むこともできる。どろどろした心の奥に踏み込まずして、宗教の存在理由があるのかどうか。宗教がどうあるべきかは、つくづく難しい問題だというほかはない。

インセスト行動と宗教感情

スタンダールの短篇「チェンチ一族」の主人公は娘を犯すにあたって「父親が娘と通じて生まれる子供は必ずや聖者である」との口実を構える。この小説の忠実な翻案といってよい久生十蘭の「無月物語」においても、中納言藤原泰文は「生れてくる子供はかならず阿闍梨《あじゃり》になる」と娘を言いくるめる。姪と深い仲になった島崎藤村の『新生』の岸本捨吉のほうは、「畜生の道」「罪過」などと良心の呵責に苦しみつつも、その間柄を「アベラールとエロイーズのような世間並でない、深い宗教的な愛の関係」だとして自分を納得させようとする。

宗教思想から個人のレベルへ論点を移しても、インセストの許し、あるいは正当化が希求されるのは、多くの場合、宗教を呼び求めることによってである。古くはオウィディウスの『変身物語』のなかで、ギリシア神話のビュブリスは双子の兄弟カウノスを誘惑するのに神々のケースを持ち出す。「わたしたちは、すべてが許されることを信じて、偉大な神々の先例に従うのです。」(中村善也訳)

芥川龍之介は『新生』の主人公を評して「老獪なる偽善者」といった。神を引き合いに出すことがとかく偽善の臭気を発しやすいにしても、曽野綾子の『この悲しみの世に』の女主人公が自分たちを庇う言葉は、真率な心情の吐露として読める。

「私たちは姉弟として生まれました。それは、私たちの選択ではありませんでした。憎み合う兄弟になる代わりに、私たちはお互いを手放したくないと思いました。同胞とは、そういうものでしょう。その感情は、神もお望みになる優しさとどこが違うのでしょうか。そして、私たちは男と女でしたから、私たちは人間として創られた通り、運命が私たちを操った通りに、愛したのです。これほど純粋で素直な感情の結果が世間にあるでしょうか。」

キリスト教が強い影響力をふるっていたころ、免罪符で赦しを得ようとした人もいれば(バルザックの「禁欲王」)、司祭に対する全面的な告白で罪の重荷から解き放たれた人もいる(イヴォンヌ・ベランジェの『誤解、ある無垢なインセストの物語』一九九四)。また逆に、中世末期の南フランスを舞台にしたベルトラン・タベルニエの映画『パッション・ベアトリス』では、長い戦乱を通じて苦悩と悲惨の体験をつぶさに味わった武将が、神・僧侶・人間を激しく呪咀するあまり、自分の娘との結婚に踏み切ることで、復讐の決意をあらわにする……。

本意であれ不本意であれ、インセストにおちいった人間が宗教との関係でどんな反応を示すか、いくつものパターンがありうる。実際インセストは、人の死やもろもろの不幸と同じほど痛切に、人間が神と向き合う大きな機会となりうるのだ。

シャトーブリアンの「ルネ」のアメリーは修道院で一生を終わった。大正時代の文学者でアナーキーなダダイストといわれた武林夢想庵にも、妹と関係を持ったとの風説があり、彼女は兄との関係に悩んだ末、函館のトラピスト修道院に身を寄せたとされる(今東光「愛すればこそ」)。

だが、神に顔向けならぬ行為を犯したからといって、全面的に罪悪感に貫かれるばかりがむろん反応のすべてではない。夢野久作の佳品「瓶詰地獄」のように、神の前での恥辱の意識を隠れ蓑に、兄妹間の恐ろしく、かつ甘美な愛を享受する主人公もいる。マルグリット・ユルスナールの「姉アンナ…」(一九八一)もまた、信仰者としての表面をつくろいながらも、心の奥になお断ち切れぬ亡き弟の姿を抱きつづけて脱け殻のように生きる、幸薄き女を描いて心を打つ。さらに、エリザベス朝の演劇、ジョン・フォードの『あわれ彼女は娼婦』にいたっては、懸命に翻意させようとする司祭を前に、自分たちの愛が神の目に照らしても何ら恥じることはない、と毅然と言い放つ兄妹を描いている。

禁じられた愛が自分を神の前に引き出すとすれば、いっそのこと愛する相手を神と同化してしまってはどうだろうか。心に群がる思いを、そのまま神に捧げられるのではないか。それに、神への愛も肉親へのそれも「愛」としては区別ができないはずだ。アナイス・ニンが父親との濃厚な愛をもとに作った小説「人工の冬」(一九三九)の女主人公にとって、父親は神である。「彼女の神は父だった。ミサの聖体拝領のたびに、神の御からだではなくて父をいだいているのだと思った。(……)夜、祈りながら流す官能的な涙、父であるはずの神の前に立ったときの言うに言われぬ喜び、聖体をいただくときの説明できない幸せな気持。なぜならそれは彼女には父と話し、キスしているのと同じことだったからだ。」(木村淳子訳)

教皇になった侵犯者

インセストに発する宗教行動を論じるとすれば、何といってもトーマス・マンの『選ばれし人』を問題にしないわけにはいかない。物語のおもしろさはもちろんのこと、穢れと聖性の逆転を語る点でも、贖罪の重みからいっても、インセストを語る小説中のおそらく白眉である。

フランス中世の聖人伝『聖グレゴワール伝』に基づいたこの小説は、異性双生児の性関係から生まれた主人公グレゴリウスの放浪物語である。まだ赤子のころ、醜聞を避けるべく遠い国へ流された彼は、成人してから偶然もとの国へ戻って、領民の信望を得る。家臣たちに推されて領主夫人と結婚。ところが彼女は実の母親であった。真実がすべて明らかになった日、彼は絶望した母にして妻を慰め励まし、厳しい戒律に生きるように言い置くと、独り贖罪の旅に出る。やがて彼は何と、海中に突出した小さな岩の上に坐ったまま雨水だけを糧に、一七年間も生きつづけるのだ。一七年が過ぎたころ、ローマで新しい教皇の選任が問題になる。しきりに議論を交わしていた人びとに向かって、天使のお告げが下る。岩の上で生きるグレゴリウスこそ教皇にふさわしいというのであった。二重の近親姦に汚れた男が、こうして神の代理人の座に登るのである。

叙任権闘争で有名な聖グレゴリウス七世を始め、グレゴリウスを名乗る実在のどの教皇も、これに相当する経歴を持っていない。すべてが架空だとしても、民衆の想像力のなかで、最悪の罪が最高の地位とプラス、マイナスにおいて釣り合うと考えられていた意味は大きい。穢れはこれほどまで聖性に転じることができるのである。罪の大きさが聖性の尺度となり、罪にまみれた人物はまさにそのことで平俗な人間のレベルから高く飛翔できるのである。

禁忌侵犯から聖性への超出の物語なら日本にもある。平田篤胤の編纂した『古今妖魅考』には、順源法師なる僧が「流転生死の往因を観じて、孰人《たれびと》か我が父子ならぬやは有る」と思い定めて、「娘を妻とし、遂に往生の素懐を遂げた」との挿話があるという。前項で調べたいくつかの宗派にしても、彼らなりに聖性を意図したのである。だが『選ばれし人』が深く心を打つのは、どんな倨傲とも無縁に、自らに何の責任も無い所業であるにもかかわらず、主人公が徹底してわが身を責め、ひたすらな悔悛を貫いた、その「無私」の厳しさにあるだろう。自分を神に擬するのとはまったく正反対の「卑下」の神学がここにはある。

新倉俊一（「中世における〈近親相姦〉伝説」）によれば、『聖グレゴワール伝』は十二世紀に生じた罪と悔悛の観念の変化を反映しているという。倫理学者ピエール・アベラールはそれまでの通説をくつがえし、犯した罪の大小がどうであるかよりも、その罪に対して人がどれほどの痛悔の念を払ったか、のほうが大事だと考えたのである。彼が考えるのに、「心からの痛悔は、罪すなわち神に対する侮蔑、あるいは悪への同意を消し去る。何故なら神の愛は、罪人の心に呻吟をひき起こすものであって、罪とは相容れない」のである。

周知のように、アベラールとは女弟子エロイーズとの愛によって誤解を招き、彼女の縁者に襲われて男根を切除されるという屈辱的な目に会った人物である。その「悔悛」の思想には、こんな苦しい体験が何ほどか関係しているのであろうか。『新生』の主人公、岸本捨吉のほうはアベラールとエロイーズの愛を実にしばしば援用する割には、自己の内面に深く思いを潜める姿勢に今一つ欠けているように思えてならないのだが。

ともあれ、本当に、何ごとであっても、問題はその人がどんな行為をしたかではなく、その行為にどんな思いをこめているかにあるのであろう。

侵犯、恐怖にして喜び

『千一夜』物語の第十一夜、十二夜に悽愴なインセストの挿話がある。この世では自分たちの愛が全うされないのを深く悲しんだ兄と妹が、自ら洞窟のような深い墓穴を掘る。必要なものを持ち込んだうえで、地面をしっかり閉じさせ、命尽きるまで地下での生活に入るのだ。ミイラ化して発見された二つの死体を、父はなお呪咀とともに皮スリッパで打ち据えてやまない。

排斥が強力である分、禁じられた愛もまた途方もない強さに至り着く例証であろう。禁止が厳重であればあるほど、失いたくない思いもいっそう大きくなる。あえてタブーに挑むという恐怖の混じった攻撃性が、燃えさかる愛にいっそうの強烈さを加えるのである。

前にみた十九世紀末の芸術家たちを動かしていたのも、人間の羈絆を脱して神に近づく、こんなタブー侵犯の身震いの出るような誇らしさであった。これも先にふれた「瓶詰地獄」では、クリスチャンとおぼしい兄妹は、つねに神の重圧を意識しながらも、けっこう明るく無人島での二人だけの生活を楽しんでいるのだ。彼らの罪悪感はむしろ、日々の幸福への刺激を高めるスパイスの役目をしているのだとすら感じられる。久保摂二の集めた実例のなかには、父は強く否認しているのに、関係のあったことを大げさに言い立てる「顕揚欲性格」の娘のケースがある。彼女の「演劇的」な言動には、タブー侵犯の勇気を誇示したい部分があったのかもしれない。

いくつもの文学作品のテーマとなった十六世紀イタリアのチェンチ家の事件にしても、娘を犯したフランチェスコ・チェンチが無信仰でありつつ、神と教会にけっして無関心ではなかったことを見逃すべきではない。自宅の中庭に聖堂を建立し、聖トマスに捧げたこともあった。神に見られていると思ったからこそ、恥ずべき行為に出たとも考えられるのだ。スタンダールはその「チェンチ一族」の冒頭で、ドン・ジュアン的な人間像にふれ、その生き方の根幹をなす禁忌を破る喜び、侵犯と征服の誇らしさについて長々と語っている。

また、イギリスのシェリーの劇詩『チェンチ一族』(一八一九)では、フランチェスコ・チェンチの高揚と没我のほどは、マリオ・プラーツのいうように、まさにサド侯爵の作中人物にふさわしい。

おれは自分が人間のような気がしない、
なにか記憶も定かならぬ世界の罪を

懲らしめる任務を負った悪魔のようだ。
血がおれの血管をめぐり騒ぐ、
恐怖に満ちた快楽がおれの血をひりひりとうずかせる。
不思議な怖れで眼がくらむ、
おれの心臓が恐しい喜びの
期待でどきどきと鳴っている（野島秀勝訳）。

シェリーの描く父親フランチェスコは実の娘の魂を毒し、とことん腐敗させようと意図しているのであるから、「われわれは神である」と言い放ち、あらゆる種類の汚辱・冒瀆・悪行に恍惚として身を投じるサドの人物たちにますます酷似することになる。

いうまでもなく、これほどの反抗と瀆聖が成り立つのはまさにキリスト教の風土においてである。キリスト教が善悪峻別の二元論に立つことによって、悪が際立ち、くっきりと対象化される。禁止されたものはかえって魅力を増大させるし、厳しい監視の目を光らせる神をびくびく怖れる日々の連続では、思い切った反逆の欲求が芽生えることも避けがたいだろう。世紀末フランスの小説家ユイスマンスは、サディズムという欲動がカトリックの信仰と切り離せない関係にあることを明らかにした。それは「カトリシスムの私生児」なのだ。

快楽には多少とも反逆と罪の意識が付きものだといわれる。禁制に手をかける心のときめき、戦慄と不安が快楽の高まりに少なからず寄与するのであろう。

付け加えておけば、『千一夜』物語の兄妹インセストの挿話にとりわけ心を惹かれたのは三島由紀夫である。彼には『音楽』『熱帯樹』『幸福号出帆』（一九五五）「軽王子と衣通姫」「水音」（一九五四）など、インセストあるいはそれに近い愛を題材にした作品がいくつもある。彼はまた、十七歳で世を去った三歳違いの妹と強い愛情で結ばれていた。「私は妹を愛していた。ふしぎなくらい愛していた」と彼は「終末感からの出発――昭和二十年の自画像」で書く。「妹が死の数時間前、意識が全くないのに〈おにいちゃま、どうもありがとう〉とはっきり言ったのをきいて、［彼］は号泣した」のであった。

同性愛というもう一つの性的タブーを生きた三島は、インセストにも無関心ではなかった。いくつもの作品を通じて愛することの困難、むしろ不可能性を描きつづけた彼にすれば、死と直交する禁忌の愛に心惹かれないはずはないのだ。

無垢な侵犯

タブーの侵犯はしかし、こんな挑戦的な姿勢によってだけ行なわれるのではない。人間は自分を大きくしてと同様、反対に、もっぱら身を投げ出して禁制を破ることができる。近親間性愛という人間的規準からの逸脱は、上方にも下方にも行なわれるのだ。

野坂昭如の短篇「浣腸とマリア」は、自分でも転落の道に押し流されつつ、息子の素行に不安を抑えきれない母の物語である。彼がいつしか男相手の男娼まがいの稼業に引きずられていくのを知った母は、あえて彼に身体を与える。わが子に本当の女を教えようとして。

「これが女なんや、なあ、わかるか、お母ちゃんはあんたになにもしてやれんかったけど、一つだけ役に立ったるわ、な、お母ちゃん抱き、かめへんやろ、お母ちゃんやもん、な。」

先立った夫のいまわしい男遊びに苦しみつづけた彼女にすれば、息子が前車の轍を踏むのが心配でならなかったのである。

同じように、息子の不行跡に耐えかね、わが子に身体を提供する母のケースが久保摂二の論文にある。知的障害の傾向があって、外で見境なく破廉恥な性行為にふけるかわいそうなわが子を見兼ねての、止むに止まれぬ行為であった。

もう一つ、一部でずいぶんと人気のある、最近の小説を例に出してもよいだろうか。桜井亜美の『イノセントワールド』(一九九六)。やはり知的障害者の兄を持った若い娘が、彼を邪魔にする母への反抗もあって、この愛する兄と関係を結び、その子をはらむ物語である。

身体が不自由な息子を不憫に思って母親が性の快楽を教える、といったたぐいの事例は週刊誌などによく出る。「聖性」などという言葉は軽々に使うべきではなく、神の目からみて、これらは是認しがたい所業なのかもしれない。どうあっても人間の則は超えてはならず、こんなのは肉親の「愛」でも「自己犠牲」でもないのかもしれない。

だとしても、たとえばスイス映画『山の焚火』では、聾唖者の弟と、彼をいたわる知的な姉とのあいだに関係が生じ、姉は弟の子供を宿す。そのとき、喜んで祝福を与えるのは敬虔なクリスチャンの母なのだ。神など眼中に無い粗野な父はやたらと激昂し、息子と取っ組み合いになるのに。神を信じるとは、ときにはこの世の掟に反して、人の心の褶曲に寄り添うことなのであろう。

家庭内の性的虐待が世間の耳目を集める反面、社会の片隅で、この世の光を十分に受けない人たちのあいだで、家族同士の禁忌の愛が秘かに行なわれていることもまた事実である。そして、それが偶然、外部に洩れるや、ときとして「美挙」と見られさえすることも。やはり久保が調べた事例のなかに、父母を亡くし、きょうだい六人のうち、三人までが知的障害者という環境で、健常者の長男と長女がインセストに陥るケースがある。とくに長男は非社交的で、つねに暗い表情を浮かべながらも、きわめてまじめな青年であった。結婚を断念してまで、両親代わりとなって一家を維持し弟妹を養おうとした二人に、むしろ世間の同情が集まったという。

明治の終りごろの茨城県下の寒村を舞台とした長塚節の『土』（一九一〇）に、父娘のインセストが暗示されることはよく指摘される。この小説に寄せた序文で、夏目漱石が彼ら最下層の貧農の日常を、「蛆同様に哀れ」で「獣類に近き」生活状態と形容したこともしばしば問題になる。漱石の言い方は著しく差別的ではある。だが、人生にさしたる希望も安楽もなく、他に拠り所の見出しようのない人々が、肉親との絆を唯一の支えに生き、その絆の極まるところインセストに達したとしても、宗教の側からであってさえ、非難の余地は少ないように思う。

本当に、それは「あさましい」人間の営みではある。だとしてもそれは、水上勉（「あさましく生きる時代」）のいうように、孤独な人間なら、誰でもが陥りかねないあさましさなのだ。

「奥ぶかい山間地の豪農とまでゆかぬが、ちゃんとした農家で、父と娘、母と息子が何年間も肉体交渉をもち、またこれが平然と行なわれ、村の噂のなかで持続されてきた歴史を私はわらうことはできぬ。孤独な人間が求めた一つの絆だったと思えるからである。誰がこれらの父娘、母と息子を鞭打てるだろうか。」

恥辱、罪悪、醜行、災厄、反逆、倨傲、恩恵、純愛、献身、奉仕、犠牲……。インセストの問題を宗教の軸に沿って眺めるとき、その周囲に、ときにはたがいに正反対の、どれほどのイメージ、あるいは記号的・シンボル的な価値が雲のごとくまとわりついているか、驚くばかりである。それ自体としては、誰でもがする、何ら異常なところのない行為なのに。

実体をおおい尽くして「意味」ばかりが肥大する、こんな人間行動は他にちょっと類を見ないだろう。前章で参照した『エロティシズムの歴史』でジョルジュ・バタイユが、具体的な量の「火」や「血」があるようにしてインセストがあるのではないと述べたのを、ここで思い合わせることができる。それは「猥褻」と同じように、「正確な意味における一つの対象なのではなく、ある対象とある人物の精神との間の関係」なのだとバタイユは言い切る。当を得た考察とすべきであろう。

私たちは次章からあと、こんなイメージの群がりをさらに詳しく見ていくことになる。

第四章　家族が愛人に変わるとき

囲い込んだ家庭。閉め切った戸口。幸福の汲々たる独占。
——アンドレ・ジード『地の糧』

家族とは何なのか

無償の愛と献身の場所、社会の荒波からの防波堤、心やすまる憩いの地にして、無条件の信頼と意思疎通の行なわれるところ……。家族が生活をともにする空間を、こんな理想化されたイメージで表すことがしばしば現実とどれほどかけ離れるか、今さらいうまでもない。

確かに家族制度は動物には無い人類独自の発明であり、社会の基礎となって文化の発展に寄与してきたのは否定できない。だが家族という一語でくくるのが不可能なくらい、歴史のなかでも世界の広がりのなかでも、そのありようはさまざまである。親のいない家庭があるかと思えば、妻妾同居のケースまである。結束の固い家族が見られる一方で、ふだん成員が稀にしか一箇所に集まらない家族も珍しくない。今後、人工授精が広まると、家族即血の繋がりという前提がますます当然ではなくなるだろう。

とりわけ、最近のような価値観の全般的な多様化、もろもろの権威の移動あるいは失墜、教育・雇用・レジャー・テクノロジーの大規模な変容など、社会のすみずみに及ぶ地殻変動のなかでは、これまで当り前であったことがらがすこしも自明ではなくなる。人間関係のあり方も、生活の諸条件も、目まぐるしく揺れ動いていく。

なかでも、子供が親を敬い親が子供をいたわるどころか、一人一人が「母」とか「子供」とか決まった立場を演じることが少ないのが、今日の家族の大きな特徴ではないだろうか。娘みたいな母、父親以上に暴君である息子。各自が家庭での地位に束縛されず、よくいえば一個の人間として、悪くいえばナルシシストのように、ともすれば自分自身の利益と快楽を優先させたがるのが、家族をめぐって生じるもろもろの問題の主たる発生源のように思えるのだ。

私たちは本章で、インセスト現象を家族の面から考えてみよう。家族の絆とは何なのか。家族間の性関係はその絆のどんな間隙から、あるいはどんな結合から発生するのであるか。

虚構としての家族

柳美里の小説「フルハウス」(一九九五)は、新築間もないマイホームに、見も知らぬホームレスの一家が何のいわれもなく住み着いてしまうという不気味な物語である。奇妙な同居の開始とともに、当然の事実であったはずの家族の一体性が脆くも崩れていくのだ。

また藤堂志津子の『うそ』(一九九七)は、依頼に応じて出張し、葬儀や結婚式で巧みに祖父や親戚を演じてみせるといういわゆる「レンタル家族」の一座を描く。娘役の女子大生は身寄りのない老婆の孫として、世間体を繕うべく定期的に「祖母」を病院に見舞う仕事を引き受け、けっこううまく役をこなす。おたがい嘘と承知のうえであっても、あるいは嘘であるからこそ、二人のあいだにはなまじ血が繋がらない分だけ、望ましい愛情の絆が結ばれていくのだ。

「血は水よりも濃い」という。しかし「きょうだいは他人の始まり」でもある。一歩進めて、「家族は親しい他人」だと鶴見俊輔は言い切る（『いま家族とは』）。

親やきょうだいは選ぶことができず、肉親の絆はいつまでも切れない。だが、家族の多様さは数限り無く、家族かくあるべしとの普遍的な原則はついに成り立つことがない。個々の場面での、一人一人の感じ方において、家族というものの「境界」は意外と不明瞭なのであろう。ふだん一緒に暮らす相手を赤の他人と意識することもあれば、まったくの他人に身内以上の親しさを覚えることもある。「フルハウス」ほどでなくても、何かの椿事で、家族の聖域がその脆弱さを露呈するのは、むしろよくある事実としなければならない。

切っても切れない血縁の関係と、日常での近親間の強靱な結び付きとはほんらい別のものなのだ。逆に、切っても切れない間柄であるからこそ、その息苦しさのなかで、現実であれ、空想上であれ、さまざまの形での脱出が意図される。すべての家族が、多少とも「仮面家族」であらざるをえないのであろう。

インセストの問題としていえば、「血」の繋がりそのものが現実にそれほど有効に機能しないのは、家族とわからなければインセストがごく簡単に行なわれることによっても知られる。三島由紀夫の『幸福号出帆』では、愛し合う異父きょうだいは、自分たちのあいだに実は血縁の関係が無いことを知らされていない。それでいて恋人同士のような二人を見て、周囲の人たちは彼らのあいだには、何か血縁の不在を察知する「ふしぎな直観」が働いているのかもしれない、との思いに駆られる。

だが、たいていの場合、そんな直覚は機能しない。三枝和子の『乱反射』の主人公は、オイディプス王の例をあげて、母親と知らずに性交渉が成り立つようでは肉親と他人の区別は存在しなくなるではないか、との疑問をあらわにする。

「人間は、知らなければ、その母親とだって性交できるのだ、では、肉親とは何か。無意味なものじゃないか、……しかも、母親だと知るや、その行為が凶まがしいものに思えて来るとすれば、肉親とは何か、全く奇妙なものじゃないか。」

それればかりか、肉親だと初めからわからない場合だけでなく、よくよくそれと知っていても、ただ別離と再会のプロセスがあいだに挟まるだけで、禁忌と抑制のブレーキが著しく弱まるケースだってけっして少なくない。アナイス・ニンとその父が強く惹かれあったのは、不在の期間を経て、父が成人した娘の姿に接してからであった。同様の事例は各種の告白や実態報告のたぐいに散見され、文学作品にもしばしば見出される。『白鯨』の作者ハーマン・メルヴィルの『ピエール』(一八五二)(およびその映画化でレオス・カラックスの『ポーラX』)、前章でふれたハリソンの『キス』、ムージルの大作『特性のない男』(一九三〇—一九三三)、フランスの作家ユグナンの『荒れた海辺』(一九六〇)……。何かの事情でめぐり合った二人が肉親と知りつつ恋に落ちるというこの種の物語パターンは、インセストを扱う文学作品の一つの類型だとさえ思われる。

血縁の関係はそれ自身としては、インセストにとってそれほど防壁にならず、第二章でみたようなローウィ流の本能的忌避説はあまりあてにならないのである。

もともと家族とは、人間が家族と認定するから成り立つのであって、そのまま自然世界に存在するものではない。人間は一人一人、生物学的には何ら差異のない個体にすぎず、何かの外面的・内面的な標識によって家族として見分けられるのでもない。体型や目鼻立ちの類似など相対的なものにすぎない。インセストタブーの起源を論じながら見たように、サル社会では父を特定することはまず不可能である。そのため、サルにとっては父も父系親族も存在しないのだ。

一人一人をおじおば、甥姪などと命名し、差異を設けて序列化するのは、だから、ただただ家族制度が生み出した、社会レベルでの約束事にほかならない。私たちは四六時中、自分は誰々の子供だ、弟だと意識しながら生活するわけではなく、そんな呼称に束縛されずに過ごす時間のほうがはるかに多いのである。

石坂洋次郎の長編『水で書かれた物語』で、一夜だけだが実母と交わり、のちに異母妹と結婚する主人公はこんな率直な感想を洩らす。「どうも私には、親子・夫婦・兄妹などという関係は、世間の認定があって成り立つもので、その認定がまるでない私とゆみ子の場合、私はゆみ子の上に女の要素をより強く感じていたとしても、私の感じ方が変態的だとは云いきれないような気がする。」彼のいう「世間の認定」とは、堅苦しく言い直せば、命名による差異化のシステムとしての親族、ということになるだろう。

家族なるものが即自的には存在しないとすれば、片岡啓治（「インセストの現実と社会病理」）が述べるように「自然の側からみた場合、性を異にするすべての男女が性的な関係に入りうる可能性をもっている」ということなる。「そこには、親子の別は関係ない」のだ。インセスト行為が別離のあとで発生しやすいのも、家族意識がそれほど強力に人間を縛るものではないことを考えると、さして不思議ではなくなる。本当に、シリュルニク（「インセスト的感情」）の説くように、インセストとの自覚が成り立つためには、相手が家族だとの「思い描き《ルプレザンタシオン》」が不可欠なのであろう。事実において家族だというだけでは不十分なのだ。

ファミリー・ロマンス

フロイトが「ファミリー・ロマンス（家族空想）」という概念を打ち出したことはよく知られている。自分は実は私生児だ、親たちは隠しているが本当はもっとすばらしい両親から生まれたのだ、などと子供はしばしば両親との現実の関係を想像のうえで変更したがるというのである。

フロイトはエディプス・コンプレックスの圧力から、つまり両親を他人とみなしたい強迫のあまり、子供の脳裏にこんな想念が浮かぶのだと考える。だが、家族とはほんらい虚構に近く、家族成員はたがいに他人の契機を含まざるをえないのだという観点に立つと、家族幻想の概念をエディプス・コンプレックスから離れて、子供と両親のあいだばかりでなく、もっと広い範囲に及ぼすことができるだろう。何かの欲動に駆られて、ある瞬間、兄は妹を恋人と想像するかもしれない。またある瞬間、母は子供のうちに愛人の幻影を見るかもしれない。

家庭のなかで、一人一人が一定の役割を演じることが少なくなったのが、今日の家族問題の大きな源泉だと先に述べた。しかし、このことはむしろ家族というものの性質上、避けがたく生じるものだと考えるほうが正しいのであろう。いってみれば、家族とは幻想交換の場であり、幻想を醸成する装置かもしれない。

このような意味での家族幻想の一例として、清水邦夫の戯曲『狂人なおもて往生をとぐ』(一九六九)を取り上げてみよう。

学生運動にかかわって、デモのとき警官に棍棒でなぐられ、気が狂った青年がいる。発狂後、彼は一つの奇妙な幻想にとらわれる。自分の家は実は娼家であり、母と妹は娼婦、父と弟は彼女たちを買いに来る常連客だというのだ。一家は対応に苦慮するが、長男が凶暴性を発揮するのを恐れ、心ならずもその設定どおりに動くことにする。ところが、それぞれの役を演じるにつれ、彼らは密かな快感と、一抹の現実味さえ感じ始める。弟と妹は兄に完全に同調して気が狂い、このゲームに今ひとつ乗り切れなかった両親だけが虚しく取り残される。

「一家水入らず」の果て、陰湿なまでに家族の一体感のうちに埋没する日本的風土への揶揄が、たぶん作者のねらいなのであろう(清水邦夫「近親相姦・わが日本的風土」)。だが、フロイトは男児の空想において、父相手に放恣な快楽をむさぼる母親は売春婦のイメージをもって見られるのだと考える。外で稼いだ金の運び手として権力を握り、家へ帰ってその金で母を抱く権利を得るのだから、父はいっそう娼家の客たるにふさわしい。本章の終りで詳述するが、ミシェル・フーコーは、家族が男女の欲望を封じ込めるための装置として機能する以上、夫婦の欲望はどうしても他の成員によって模倣されていくのだと考えた。それに、性関係と金銭の授受とは浅からぬ縁で繋がれているのだ。家庭内であっても、性関係が「取引き」の様相を呈することはありうる。途方もない妄想だとはいえ、青年の「狂気」に一般性と真実味が無いのではない。家庭が娼家だとは案外そうかもしれないとの印象を与え、家族関係の可変性はこれほどまで遠くに達するのだ。「一家水入らず」の親密さが一皮剝けば陰惨な内実を露呈するのは、日本的現実ばかりでなく、家族という濃密で求心的な結合体に共通して起こりやすい事柄とすべきであろう。

密室のなかでの家族

『狂人なおもて往生をとぐ』について考えると、虚構としての家族から、閉鎖的・集中的な家族結合に問題を移さねばならなくなる。

オットー・ランクが詳しく論じるように、家庭とは一種の国家、それも専制国家の体裁をとりやすい。外部世界に対抗するためにも、内部の秩序を維持するためにも、家族関係はしばしば国家的な従属関係を模倣する。父は峻厳な「王」であり、母は民を慈しむ「妃」である。むろん、すべてが平和裏に進行するわけではないから、君主に対する場合と同様、「家主」に払うべき尊敬が軽蔑や反逆に変わることもあれば、家族が忠臣や従順な兵士ばかりで成り立つのではない。アナーキストも革命家も出現しかねないのだが。

ランクが詳しく論じる「シュトルム・ウント・ドランク」のドイツ詩人、シラーの史劇『ドン・カルロス』では、王子ドン・カルロスの義母への愛は、父スペイン王フェリペ二世への政治的な反感とも重なる。父は愛する女の夫としても、許しがたい政敵としても、息子のライバルなのだ。彼はさんざん苦しんだ末、最後にはネーデルランド支配の野望を押し進める父と絶縁してスペインを去る決意を固め、恋しい義母に別れを告げるのである。

国家という字にすでに「家」が入っていることでもわかるように、日本でも、昔から国家と家族とを同一化する傾向は強い。かつては国民は天皇の「赤子」などといわれ、「家族集団が国家集団の雛型の役割をになわされて」（南博『家庭内性愛』）いたのである。

国家の政略として、このような同一化が行なわれる部分は確かにある。しかし、いかに家族の絆が虚構に類しようと、人間は、独り生きる不安や寂しさから、相互依存のぬくもりを求め、社会的・経済的な利益を求めて、血縁同士の強固な結合への夢を馳せるのであろう。「家主」に仕えるのがときにはどんなに不満に煩わしく思えても、従属によって得られる実際的なメリットはそれを凌駕するのであろう。国家への帰属なしでは生活できないのと同様、家族関係とまったく別のところで生きることもまた不可能である。

あるいは、家族とて他人とさして変わりなく、その繋がりがほんらい虚しいと薄々気づくからこそ、なおのこと、濃密で求心的な、充実した人間関係が希求されるのだ、というべきかもしれない。ともあれ、いったん出来上がってしまうと、家庭は著しく閉鎖的な空間になりやすい。国家が独自の法体系を持ち、関税を課して自国の利益を保持しようとするのに似て、家族は社会の規範（羈絆）をともすれば逃れ、独自の価値観のもとで「家族ナショナリズム」を貫こうとする。家族を愛し一家の生活を守るという大義名分のもとに、父は、あるいは母は家族の数だけ肥大した旺盛な自己意識の命ずるまま、どんな無理を押してでも、自分たちの権益の確保・拡大に躍起になる。家庭は、集合的なエゴイズムの場と化する危険を多分に持つ。「家庭の幸福は諸悪の本《もと》」(「家庭の幸福」一九四八)と、太宰治は苦々しく言い放った。「家庭よ! ぼくはおまえがきらいだ!」とは若きアンドレ・ジードの叫びである。「囲い込んだ家庭。閉め切った戸口。幸福の汲々たる独占。」(『地の糧』一八九七)

家庭という親しい者ばかりのこんな密室状態では、一人一人が思うさま自己をさらけ出すことができる。いくらかはまあまあですまされ、うやむやに終わる反面、いくら家族といえ、とても容認できないこと、いつまでも尾を引くことは当然に起こる。親密な間柄であればあるほど、相手の手の内も読め、日々の些事にも利害感覚が敏感に刺激されるから、いわゆる近親憎悪が発動しないことはありえないだろう。おたがいの憎しみ、争い、敵意をまったく経験しなかった家庭はまず存在しないといってよい。

密室で展開されることによって、家族のドラマはいっそう緊迫感を強くする。エヴリン・ヘスーフィンクはラシーヌのインセスト劇『フェードル』を論じながら、フランス古典主義演劇が定める「三つの単一」の原則(①二四時間以内に②同じ場所で③一つの筋が、演じられなければならないこと)に加えて、「家族の単一」が劇的効果を高めているのだと指摘した。

家族をめぐる問題を困難にするのは、もともと憎悪の感情が愛情と切り離せないという心の機微である。愛の反対は無関心であって、憎しみではない。愛するからこそ相手への不満も募り、感情も昂ぶる。絶対に許せないという気持ちは、相手への期待と思い入れが巨大であるからこそ生じるのだ。ウォルポールの『謎の母』の一登場人物が言うのに、「憎悪とは、いわば病にかかった愛情

なのです。」（渡辺喜之訳）

インセストの観点からいえば、合意のうえであっても、母と息子の性関係がいわゆる家庭内暴力と共通の地盤から発生するという指摘が、これまで何回も行なわれてきたのは意味するところが大きい。母子の癒着として、父親の不在として、一人一人の孤独の深さや閉鎖のきわみとして、両者はけっして無関係ではないのであろう。母と子が決定的な関係に落ちこむか、それとも子が母に、あるいは父に忌まわしい暴力を振るうか、選択肢がほとんど対等な場合が少なくないように思える。母と子が身動きならぬ愛情で繋がれている点で、二つはほとんど区別が不可能なのだ。

家族という危険な関係

私たちは家族の図絵をすこし暗い色調で描き過ぎただろうか。献身的な家族愛、親子きょうだいのあいだの豊かな理解や協力は当然ありうるし、「集合的エゴイズム」もそれなりに家族愛の発露と考えられなくはない。

鶴見俊輔は家族を定義して「いつ家族員の誰によって殺されてもいい、と思い合う者同士が住む」ところだといったという（『いま家族とは』）。全面的な献身を際立たせたこんな発言とちょうど向き合う形で、河合隼雄は神話のなかで親子、夫婦の殺し合いが盛んに行なわれていることを踏まえて、「心の深いところでは現実の家族のあいだで絶対殺人が行なわれていると思う」（『家族はどこへいくのか』）と語った。

家族愛を優先させるか、深部の心理的な屈折に注目するか、議論は分かれるにしても、家族とは愛と憎しみ、支配と被支配が交錯し逆転する、はなはだ緊張をはらんだ人間関係であることに間違いはない。

本当に、あらゆる感情の渦巻く坩堝《るつぼ》が家族である。人は身内のためならそれこそ殺人さえ辞さないし、一見平和な暮らしの奥に、どんな暗い秘密や深刻な葛藤が隠されているかわかったものではない。ランクが引用するガブリエレ・ロイターの言葉でいえば、「両親と子供のかかわりのなかでは、狂気、悪徳から、天上的な尊さに至る、可能な限りの人間感情のサイクルがことごとく展開し尽くされる」のである。

深沢七郎の短篇「揺れる家」(一九五七)は、ある少年の目で語られた野放図な、赤裸にして痛ましい水上生活者の物語である。狭い船内で、「じいちゃん」と「母ちゃん」が「父ちゃん」の面前で戯れ、割り込もうとする「父ちゃん」を邪険に跳ね飛ばしたりするのだ。「父ちゃん」に多少知恵遅れの傾向はあるのだが。高橋睦郎が編んだ『近親相姦百人の証言』には、夫、後妻、その連れ子である二人の姉妹、計四人入り乱れての性関係の事例もあれば、姉と実妹とその妹の夫からなる奇妙な三人夫婦(?)のケースもある。

そうかと思えば、妾を四人も持つ六十二歳の男は妾の一人とのあいだに出来た娘を、その事実を知らさずに本妻の息子と結婚させる。その娘がかわいくてならず、いつも自分の目の届くところに置きたかったからだ。またある老舗の主人は、愛人の娘(彼の子供ではないが)と自分の弟とを結婚させ、その愛人ともども三人で暮らすように仕向ける。彼は月に数回その家に通って、愛人ばかりかその娘(つまり弟の妻)とも関係を結ぶのである。

信じられないほど特異な家庭状況は数えたてれば切りがない。確かに、徳永進のいうように「正常な家族や正しい家族なんてない」（『いま家族とは』）とするのが当を得ているのであろう。家族はもともと異常なのだ。「今は平和のようであっても、家族は必ず痛む」のである。

家族というもののこんなありように、たまらない嫌悪感が生じても異とするに足らない。先にみた三枝和子の『乱反射』の主人公が家族（この小説では家族の語はたぶん一度も用いられず「血縁共同体」にすぎないが）一括拒否の想念を抱くにいたったのには、一つには父母の性交の姿を見てしまったこと、もう一つには精神遅滞者の兄と母との交合の場面を目撃したことがきっかけとしてある。とりわけ、よくあるように父母のあられもない姿態は子供の心に深いトラウマとして残る。

「無数に奇怪な子供を生み放って恥じぬ二頭の動物。舌舐めずりし、ほれぼれと子供を眺める父母。この恥ずかしい存在……。父母という形態の交合さえなければ……男と女の関係だけならば……。」

彼は「木の股からでも生れてきたのなら、どんなにか良かったろうと思っているくらい」なのだ。彼があこがれるのは「人工的な、意識的な関係」である。「ぼくは、そういう乾いた、一個の抽象的な存在でありたい。肉体はあるけれども肉体のないような、傲岸不遜な精神そのものでありたい。自意識だけを拠りどころに屹立しているような、そんな一本の鋭い直線でありたい。」

だが、いうまでもなく「血縁共同体」からの解放はしょせん夢にすぎない。血縁とは自分の過去であり、自分の肉体そのものである。子供を作らないぐらいでは脱出できず、未来を否定しても過去からの圧迫はのがれられないのである。

「何も彼も不分明なままにおしこんで、それで案外、みんなで分りあっている」のが、「血縁共同体」の特質なのだ。たいていの場合、人はちょうど小島信夫の『抱擁家族』（一九六五）のような家庭生活を送っているのであろうか。この小説で、中年男の主人公は妻とアメリカ青年との情事（しかも自宅での）にとまどうばかりで、彼女をきびしく罰するのでなく、赦してやるのでもない。家族の結合にそれほどの意味を見出しているとは見えないのに、彼は妻の死後、子供二人が離反の姿勢を示しているのをよそに、おびえたように家に後添いを迎えるべく腐心するのである。

江藤淳は、戦後の日本社会の問題として、この主人公にとっての妻を「母」に置き換え、彼の「おびえ」に母が失われる「とまどい」を読み取っている（『成熟と喪失――「母」の崩壊』）。母子密着型の日本の社会であるからこそ、喪失に瀕した母（妻）の前で、人はあわてふためくしかないのであろう。

家族の絆とインセスト

家族にかかわる問題をひとわたりみてきたあとで、あらためて問うてみよう。インセストは家族関係のどのような局面に発生するのであるか。

母と息子の異常な密着がしばしばうんぬんされ、ふつう血縁者同士の性愛といえば、家族の絆の度外れな直進・強化に関連づけられる。母にして恋人、兄であってかつ夫などという二重の関係が情愛をいやましにするのだと当事者は考えたがる。確かに、片岡啓治（「近親相姦の心理分析」）が指摘するように、親子、近親間の情愛がどんなに濃密でも家族愛として倫理的に支持される可能性を持つから、それだけ暴走の危険にさらされやすいのだといえる。家族愛の特権性の裏で、純粋さが逆転して濃密な男女の愛に姿を変えやすいのである。

清水邦夫も、家族愛には極点にまで昇りつめていく機制がつねにはらまれていることに注意を向け、きわめて日本的な一家心中なる行為には、家族同士がひしと肌を寄せ合うような、何やら仄暗く淫靡な、異常にエロチックなものを感じとるという。

しかし一方、インセストが血縁の絆が何かの拍子に強度を落とし、緩みをきたすときに生じやすいことも、私たちはすでに論じた。この点、それはごく日常的な行為でもありうるのだ。当事者がよく行なう「これを世間では不倫の恋というかもしれないけれど、私にはたんなる兄妹愛の延長線上のできごととしか思われない」といったたぐいの釈明は、必ずしも強弁には思えない。フランスの高名な小児科医のアルド・ナウリ(「行為に至らないインセスト」)は、母親にあるインセスト傾向は「女性の欲望の不可欠にして本質的な部分」を形成するとの意見を持つ。

『乱反射』の主人公は母と精神遅滞者の兄との性関係にいたく傷つく。しかし母にすれば、これは不幸な子供への強い愛情の表現である。「敬二は可哀そうな子なのですよ。この家の犠牲者ですからね。敬二が一人でお前たちの悪い病気を引き受けてくれているのです。」そして主人公のほうは、家族関係の否定の意味をこめて従姉と交合を重ねる。

インセストは血縁を強化するためにも、逆にそれを踏みにじるためにも、意味を担わされているのである。家族間性愛の機能は多様といわなければならない。

ミシェル・フーコーが『性の歴史』第一巻『知への意志』で論じるところによれば、インセストはもともと家族制度そのものが不可避的に含む一側面である。ほんらい家族なるものが男女の性的欲望を婚姻という形で封じ込めるために、社会維持の必要から作られた装置である以上、家族の内部には夫婦の欲望がつねにみなぎっている。そこへ、西欧社会においては、家族が十八世紀以降「情動と感情と愛情の可能な場」となり、「性的欲望はその開花の特権的な点を家族に置く」（渡辺守章訳）ようになる。となると、ますます夫婦の欲望が他の成員間にも模倣され、拡大していくのは避けられない動きである。

だから「それは、家族が婚姻の装置として作動している限りは、家族の内部で高度に禁じられたものとして立ち現われる。しかし、それはまた、家族が性的欲望の恒常的に刺戟・教唆されている中枢であるために、不断に動員されているものでもあるのだ」。インセストはこうして、「絶えず要請され、しかも絶えず拒絶されており、強迫観念と呼び掛けとの対象であり、恐れられている秘密であると同時に不可欠な継ぎ手《ジョイント》である」。

今の時代、家族の崩壊が叫ばれる一方で、外部社会のきびしさを避けて家庭に避難所を求める傾向は大きい。フーコーが問題にする「家族空間の情動的強度化＝濃密化」は、今後いっそう加速するだろう。インセストが減少する条件はあまり多くない。

「婚姻というものの根底をなす箱舟であった家族が、実は性のあらゆる不運・災いの芽であったのだ」というフーコーの見解に、私たちも同意すべきなのだろうか。ふつう性の猛威に対する防波堤とみなされている家庭が実は性衝動を刺戟する役目を務めているとなると、私たちにはもう逃げ場が無くなってしまうのだが。

いうまでもなく、インセストのありようは、当事者の家庭での地位・役割とか相互のかかわりに応じてずいぶんと様相を異にする。ごく大雑把に、母息子間のそれはエディプス・コンプレックスや母胎願望で説明され、父娘は暴力的な傾向をおびやすく、きょうだい同士は自慰行為の変形だ、などと解釈されたりする。

インセストの類型としてはほかにも、おじ（おば）と姪（甥）、祖父（祖母）と孫など、数々の関係がありうる。しかし私たちは、これらすべてを論じる煩を避け、次章から二章に分けて、最も基本的な母息子、父娘、きょうだいの三つの型に絞って、それぞれの問題点にすこし詳しく立ち入ってみたい。その他の型も、かなりの部分、それらとの類比において理解が可能であろうから。

第五章　母と息子、父と娘

子が母を恋しているのだ。世の慣わしにも、自然の掟にも、ローマの律法にも背く邪《よこし》まな恋だ。おれの求めているものは、父上の権利とまっこうから対立する。そうとは知っていながら諦められないのだ。いずれは気が狂うか、断頭台にかけられるかが落ちだろう。望みのない——罪深い、不安な、命がけの恋だ——そうとはわかっていながら、恋しいのだ（北通文訳）。

——シラー『ドン・カルロス』

母と子

「確固とした、現実性を失うことのない場所が、この世に一つだけあった。それは母親のいる場所であった。他の者はいつか、影のようになり、彼にとってはいないも同然になってしまうのだが、彼女だけはそうならなかった。母親は彼の生活の軸か極のようなものであり、そこから彼はのがれることができなかった。」（伊藤整訳）

D・H・ロレンスの『息子と恋人』(一九一三)での、息子ポールの述懐である。縷言するまでもなく、母と子はあらゆる人間関係の出発点にして、帰着点でもある。心置きなく甘え、頼り、赦しを期待し、豊かな交感の築ける他者としては、ほとんど母親以外に考えることができない。母と子の絆は早く胎児のころから始まっているとされる。子供は生まれる前からすでに嗅覚で母を感じ取っているというのだ。父親が発見されるのはずっとあと、母親を通してでしかない。

母性は人間にとって永遠のあこがれであり、母性愛はあらゆる「愛」の原型そのものであろう。「愛」なるものの含む、保護、信頼、献身、協力などもろもろの契機はすべて、母性愛において全面的に発揮される可能性を持つ。男は知らず知らず恋人のうちに母の面影を追い、女は無意識裡にも恋人にとって母であろうとする。あらゆるメディアにおいて母のイメージが充満し、広告の戦略としても母を暗示するのが有効、歌をうたうときも母に語りかけるようにすると聞き手の心をとらえるのだといわれる。フランソワーズ・エリティエはインセストを論じながら、「母親はあらゆる愛のあり方の交差点にある」のだといった。

これから先も見ていくように、さまざまのタイプの家族性愛は、多少であれ母息子インセストを模倣あるいは反復している部分が大きい。父は娘に母のイメージを追い、弟は姉に母を求める。ロール・ラゾンは「もしインセストの欲求なるものが存在するとすれば、それは子供を強化し愛をもってはぐくむ、母の胎内への回帰の欲求として現われるであろう」と考えた。

太古の昔から今日に至るまでずっと、母と子のかかわりはあらゆる芸術ジャンルの格好の主題であった。表現活動に従事する人のほとんどが、母子の関係に何らかの問題をかかえているのだ、とくない。

岸田秀はいう（『母親幻想』）。ボードレール、ジード、プルースト、カミュ、ジュリアン・グリーン……。フランス文学に限っても、何らかの形での母子の強い固着を創作への発条にした作家は少なくない。

プルーストの『失われた時を求めて』の第一巻『スワン家のほうへ』（一九一三）のごく始めのほうに、俗に「就寝劇」と呼ばれる母子の挿話のあることはよく知られている。「おやすみ」の接吻を待ちかねた子供が、制止に背いて、来客が去ったあとの母を無理やり自室に呼び寄せるという、彼にすれば痛切な一夜の出来事である。ごく似通った場面が、リルケの『マルテの手記』（一九一〇）にもある。夜なかに、それほどの病気でもないのに、母に来てもらいたい一心で、主人公は皇太子主催の大舞踏会から父母を引き返させるのだ。どうしても母を身近に感じたい願いは、ときに社会の約束事をはるかに超えるのである。

日本でなら、谷崎潤一郎、室生犀星、水上勉など、母性にこだわる作家といえるだろうか。むしろ、「母恋い物語」の古典として『源氏物語』の名を逸することはできないだろう。桐壺帝の次男として生まれながら母を知らない光源氏が、母に生き写しとの評判の高い父天皇の中宮藤壺にあこがれ、恋い慕い、ついには義母でもあるこの女性と密通し懐妊させる。それでもなお生母へのひたすらな憧憬を癒しきれない彼は、この先「色好み」の生涯を決定づけられるのである。

母と子の強い絆は、すぐれた文学作品を生み出す原動力を形成するばかりではない。石田英一郎は有名な論文「桃太郎の母」で、世界は母と子の交合から創造されたのだとする神話・伝説のたぐいを詳細に調査している。

日本でも、汎太平洋諸民族のあいだでも、母子神が一対として崇拝の対象となっているケースが多く、そんな母子神が交わって人類の始祖となり、子孫を産み広めたのだという言い伝えも珍しくない。これはきょうだい姦による人類の発足の神話より古層に位置すると考えられ、太平洋地域ばかりか、古代の中近東においても大地母神の像がしばしば男性の子神を従えていることにも繋がっていくのだ。エジプトのイシスとホールス、小アジアのキベーレとアッティス、いずれもそうである。

さらに石田によれば、大地の生殖力を象徴するこれらの母神たちがキリスト教に駆逐されたあとにも、「処女マリアは父なくして生まれた嬰児キリストを抱いたまま、ふたたび宗教的礼拝の対象となった」のである。創造の源泉としての母子姦という観念は、かすかながらもキリスト教に痕跡をとどめているのである。

母息子インセストの助長と抑止

母と息子の性関係については、第一章でも問題にした。電話相談でしばしば話題になる母と息子の交わりには、疑問を挟む余地があるというのであった。母性愛とインセストは、とかく短絡的にリンクされる傾向にある。私たちは冷静に、母子インセストを促す数々の要因とともに、それを抑止する条件にも目を配る必要があるだろう。

母子インセストは、昔は俗っぽく「芋田楽《いもでんがく》」などと呼び習わされた。他のタイプのインセストにはこんな呼称はない。さしずめそれは日本で近親姦の代表格であろう。今日の日本の社会で、母と息子が過度に密接になりやすい条件が多々存在することも、いわゆるエディプス・コンプレックスについても第一章でみた。前章の終りでふれたように、母親にはむしろ本質的にインセスト欲求があるのだとする研究者さえいる。

今でも幼児に対して身の回りの世話をするのはたいてい母親であり、母胎復帰願望という言葉を使わなくても、幼児期での母親との接触体験を復活させたい願いは誰にでもあるとさえいえる。なかなか大人になりきれない男に出会うことは珍しくない。母親とくに専業主婦も、未成年の息子も、外で働く人に較べて社会性に乏しいことが多く、それにもともと日本は母性的な「甘え」の社会である。「父」が不在の家庭のなかでもろもろの甘えが充満することに加えて、土居健郎が『「甘え」の構造』で論じるように、日本人の行動を律するのは「罪」よりも「恥」の意識だとされる。超自我に根ざす「罪」の自覚に較べて、集団への帰属性に左右される恥の原理のほうが、「禁止」を絶対視する度合が小さくなる理屈であろう。

とりわけ日本において、母子インセストが頻繁に生起しやすい条件はこのように数多くある。それに、もともと母と子供のあいだには、意識するとしないにかかわらずエロス的な雰囲気が漂いがちなものだ。ボードレールは、母親を始め身辺の面倒をみてくれる女性に子供が抱く喜びには、「愛撫と肉感的な逸楽」が混じっていることを指摘する。子供は女性の発散する感覚的な魅惑に、意外と敏感だというのである（一八六〇年、プーレ－マラシ宛ての手紙）。

スタンダールが『アンリ・ブリュラールの生涯』（一八三六）で披瀝する年少のころの回想は、多分にインセスト的だとはいえ、幼児的な快楽としてそれはど不自然ではない。

「私は母を接吻でおおうことを、また着物のないことをのぞんだ。彼女は私を熱愛し、よく私に接吻したが、私があまりはげしく母に接吻をかえすので母は逃げていかねばならぬことがよくあった。私の父が私たちの接吻の邪魔をしに来るようなとき、私は彼を憎悪した。私はいつも母への接吻を胸のところにあたえたがった。」（桑原・生島訳）

ここで父親への敵意が語られるのは暗示的だが、同じようなエディプス的反応は先にみた『マルテの手記』の挿話にも、間接的ながらプルーストの「就寝劇」にも読み取れる。ロレンスの『息子と恋人』では、少年ポールは夜になると「神さま、お父さんを死なせてください」と祈るのだから、ますますエディプス・コンプレックスそのものだといえる。第一章で言及したフランソワーズ・ドルトのように、発達上、子供がエディプス段階を脱却するのが著しく困難であること、ほとんど不可能であることを説く研究者が少なくないのも肯ける。

母息子インセストを助長すると思える心理的・社会的な条件は、本当に数え立てれば切りがない。花村萬月の『触角記』のように、母と息子間に性関係が成り立つのはごくごく自然なのだ、とする「常識的」な見方が行なわれても不思議ではない。この小説では、高校生の息子は母との交合を「奉仕に近い行為」とみなし、そこに「ある理想的な退行」と「完全なる安逸の予感」を感じる。母のほうもまた、我が子を出てきたもとの場所に戻すのが何が悪い、というのに近い言葉を吐くのだ。

しかし、この種の条件がどれだけふんだんにあっても、逆に、母子の癒着が強いからこそ、行為そのものは阻止されるのだ、という見方も成り立つ。母親と男児が親密であればあるほど、その親密さが性器レベルで確認される必要はなくなるからだ。インセストの欲動あるいはファンタスム（幻想）と、その実行とはやはり別個に扱われるべきであって、実行がファンタスムの延長上に位置するとは必ずしもいえない。インセストに限らず、性衝動一般としてファンタスムの占める部分がきわめて大であるから、ファンタスムが即事実であるかのような誤解が起こりやすいのだが。

また、かりにファンタスムでは十分でないにしても、各種のスキンシップ、身体的な接触によって、おたがいの親密さを確かめることだって可能であろう。先ほどのボードレールやスタンダールの場合のように、母とのふだんのかかわりがすでに多少とも性的なものを含有するがゆえに、ことさら性器の結合を要しないともいえるだろう。ジャスティス夫妻は、アメリカで母子相姦の事例がごく少ない理由として言う。「子どもを身ごもり、出産し、養育した経験のある女性は、父親の知らない親密さを知っていることになる。彼女が人生で愛情やふれあいに飢えることがあっても、出産した子どもとの身体的な接触を通して、それを追求する傾向は少ない。」

フランスのラノワ、フェイレサンが、すべての型のインセストで最も古く、かつタブー度が高いのが母子間のそれだ、といったのは日本には当てはまらないかもしれない。だが、滝野功は、日本の社会がかなり同性愛的雰囲気を持ち、情緒レベルで同性愛が満たされるゆえに、かえって欧米に較べてその行動化が少ないのだ、という事情は母子インセストにも適用できると考える。

母性社会とされる日本では、かえって、母子姦の欲求がファンタスムの段階で拡散あるいは吸収されやすいともいえるのだ。

現実に日本の社会で母息子姦がどの程度行なわれているのか、実態はむろんなかなか把握しにくい。しかし、電話相談を除けば、私たちが参照しえた手記・調査のたぐいはいずれも、これが意外に少ないことを物語っている。次にそれら三つを掲げる。

①『近親相愛』（一九七二）で五島勉の集めた、約三〇篇の男性からの体験手記。対象で分類すれば、娘六、姉三。他はすべて妹で、母は無い。

②久保摂二の「近親相姦に関する研究」（一九五七）で扱われた三六の事例。父娘一五、きょうだい（異父、異母を含めて）一五。母息子は三に過ぎず、他はおじ姪、祖母孫など。

③高橋睦郎監修の『禁じられた性・近親相姦百人の証言』（一九七四）にある一〇〇の「証言」。実父と娘二二、実兄と妹二二、実母と息子一三（他に義母と息子、義母と婿それぞれ一）、実姉と弟八。他は異父（母）きょうだい、おじ姪など種々の関係である。

母と子の異常な癒着が好んで話題にされる割には、低い数値である。これらの調査のあと時間が経過しているから、今なら事情は違っているかもしれない。しかし今日、母子の癒着がいっそう進んでいるとすれば、そのことでインセストが増大すると同時に、逆にそれがマイナス要因となることができるのだ。ファンタスムに衝き動かされ、生物学的な欲望だけでは成立しない、人間のセクシュアリティの微妙さであろう。

母息子インセストとエディプス・コンプレックス

母と息子の性関係といえば、人はすぐエディプス・コンプレックスをうんぬんする。しかし、研究者のあいだで、実際上、両者はそんなに簡単に結びつくものではないとする見解が多いのも事実である。久保摂二は臨床体験からこれを明瞭に否定し、これまで引用する機会のあったラゾンも、ラノワ、フェイレサンも、かりに深層の原動力としてエディプス複合が機能するとしても、行為の決め手にはなりにくいという意見である。

エディプスの概念が当てはまりにくいとされる日本でも、例えば『百人の証言』のなかに、父と母がもつれあっている現場を目撃して以来、父を憎み母を強く女として意識するに至った青年の事例が見出される。アメリカのユージン・オニールの劇『楡の木の下の欲望』(一九二四)など、父親へのあからさまな敵意のなかで「欲情と母性愛が恐ろしいほどむき出しに混合しあって」しまう物語である。

だが、現実や文学作品からあれこれ事例をみていくにつれ、子から母親への愛のケースもさることながら、父親がかかわらない範囲での、母親主導型のインセストの多さにどうしても注意が向く。世紀末ウィーンの作家シュニッツラー(彼はもともと医者であり、フロイトとも交友があった)の小説「ベアーテ夫人とその息子」(一九一三)の女主人公が息子との性関係に陥るのは、早く夫を亡くしたあと息子に取り残されたくない焦り、彼とすべての体験を共有しようとする願いからであった。一九八四年、アメリカ、テネシー州では「ほかの女が息子を自分のものにしないように」、何と母親が実子との結婚に踏み切るという事件があった(このとき弁護士は、以前にも息子と生き別れになった彼女にすれば、もう一度子供を失うという思いに堪えられなかったのだ、と強弁に近い論陣を張る)。また、平岩弓枝の「日野富子」(一九七一)では、応仁の乱の原因を作ったことで有名な、この足利義政の妻が息子義尚と交わった動機には、息子を丸ごと自分の傀儡《かいらい》とする権力欲も含まれていた。かと思えば、藤井重夫の『家紋の果』（一九五八）には、息子が売春婦相手に遣う金が惜しいからと、進んで自分の身体を与える吝嗇きわまる母親が登場する……。

第三章でふれたような、身体的・精神的に不遇なわが子を憐れんで母親が「女」を教えるというケースもまた、間々見かけるパターンである。『百人の証言』には、心臓を病み、生きる希望のない高校生の息子と、「親の義務として」関係を持つ母親の手記がある。彼女はのちのちまで「私はこの決心と行為についてはまちがっていません」と断言するのだ。

本当に母親の「愛」はさまざまである。インセストではないが、フランスで、裸になって自分の身体を隅々まで、生理用ナプキンを交換する現場まで、三人の男児にしげしげと観察させた母親の存在が話題になったことがあった。その子供たちが以後女性に臆することがないようにとの「親心」からであった。

これらのケースを見渡すにつけても、母子インセストとは子供の欲望の問題であるとともに、あるいはそれ以上に、母親の側の、ときとしてそのエゴイズムの問題であると感じさせられる。母息子姦において心の傷を負うのは子供のほうであり、母親は失うものが無く、むしろ幸せに安らぎ、罪悪感すら覚えないのだ、とよくいわれる。前章でみたように、家庭という閉鎖空間はそれこそ何でもが入る坩堝である。家族の専制君主の位置にいるのは実質的には母親ではないか、と感じさせられることもしばしばである。

子を呑み込む母

本当に、母性には愛の反面として、あるいはその愛を補強する形で、一種の「魔性」がつきまとうのであろう。保護と愛着のあまり、いつまでも膝下にとどめて子供のままにしておこうとし、そのことで知らずして子供を圧殺する傾向が、ほんらい母性に組み込まれているといってよいのは私たちが日ごろ気づくところである。

河合隼雄によれば、ユングは母性の本質として「慈しみ育てること、狂宴的な情動性、暗黒の深さ」の三つをあげているという（『母性社会日本の病理』）。ここにいう暗黒の深さとは、「何ものも区別しない平等性と、すべてのものを呑みこむ恐ろしさ」である。岡本かの子の仏教説話ふうの短篇「鬼子母《きしも》の愛」（一九二八）では、鬼子母はかわいい子供と見ると、どうしても抵抗もならずに食べてしまう。歌舞伎の『摂州合邦辻《せっしゅうがっぽうがつじ》』の玉手御前は、継子の俊徳丸に道ならぬ恋をしかけ、毒をのませる。鶴見俊輔にいわせると、「母親は肉体全体、存在そのものが凶器」なのである（『いま家族とは』）。

こうして、「母なるものは生を与える人でもあれば、同時に生の破壊者にもなりうるし、愛される者でもあり、恐れられるものでもありうる」（エーリッヒ・フロム『悪について』鈴木重吉訳）。

ロレンスの『息子と恋人』が生々しい現実感をおびるのは、息子のポールが母ガートルードの強度の影響力を浴びて、どうやっても他の女を愛することができなくなるという点にだけあるのではない。母の死後もなお、彼女の力は息子のなかで脈々と生きつづけるのだ。「彼の魂は、彼女がどこにいようが、彼女から離れることができなかった。彼女は遠い夜の中に去ってしまったが、彼は今でも彼女といっしょなのだった。」

曽野綾子の長編『木枯しの庭』でも、四十歳にもなる大学教員の息子が目に見えない母の圧力のもとで、いつまで経っても結婚を決断することができない。母には息子の独立を故意に阻む気は毛頭無いのに、彼が女性との旅行を計画していると知っただけで、本当に病気になり、その実現を妨害するのである。まるで、母のなかで何か「特別な器官」が機敏に反応するかのように。彼が他の女性と性関係を持たずに終わるのは、その女性が母の代理的存在であって、無意識にインセスト回避のブレーキが働いたからだ、との解釈もある（米山正信『文学作品に学ぶ心の秘密』）。

数々あるこの種の文学作品のなかで、もう一つ、比留間久夫の『一〇〇％ピュア』（一九九四）は、完全な密室状態で暮らす母子の物語である。息子はそれこそ「一〇〇％」のマザコンであって、母の意を迎えるべく、せっせと幼女の誘拐に精を出す。

このように、母親はともすれば身動きのならぬほど子供を拘束したがる。母親の愛の強さは、ときには憎しみと区別がつかないのだ。精神分析が教えるように、「赤頭巾ちゃん」の童話に似て、母親には子供をもう一度自分の胎内に取り込もうとする願望が内在しているのかもしれない。

実際、母親であるとは困難な仕事なのだ。母親が子供につらくあたるのは、母親に内在する欲求不満が子供への憎しみに転化されるからだ、と説明される。確かに、母親としても、甘えられるばかりでなく、やはり誰かに甘えたい欲求を捨て去ることはできない。わが子の存在がその願いを阻害する要因となることはありうる。

さらに、母親たることによって、自我の肥大を来たすのだという見方には説得力がある。母である誇り（もしくは驕り）、あるいは子育てに対して感じる強い責務意識や日々の困難によって膨れあがった自我意識のなかでは、もう現実の子供が見失われがちなのである。

母性憎悪の論理

詩人高橋睦郎（「怪談的風景からの逃走」）のイメージでは、母性とは女陰の姿そのままに、植物に覆われた水辺だ。池、沼、井戸端だ。日本で怪談を生んだ道具立てと母性の眺めは一つであり、「母性の本質は〈怪談的〉なのだ」。なつかしい植物の生える湿潤な水辺は、奥に暗い肉の牢獄を隠す。母胎復帰願望は、その闇に吸い込まれる恐怖と表裏一体となるのだ。母との合一は、子供からみて絶対依存の悦楽と自我放棄の恐怖の両面を含むのだ、とする河合隼雄の見解（「象徴としての近親相姦」）とまったく同じ発想であろう。

中国にこんな教訓話があるという。ある極悪な放蕩者が死刑執行の直前、最後の望みを叶えてもらうことになる。彼はもう一度、お母さんのおっぱいが吸いたいという。が、息子の懇望を容れて胸をはだけた母の乳首を、彼はがぶりと噛み切る。そしていわく、「どんな無理難題もすべて受け入れたお前が、私をこんな犯罪者にしたのだ」（大日向雅美『母性愛神話の罠』）。

「母源病」という言葉が使われて久しい。文字通り母との「共生」に生きた作家マルセル・プルーストなど、母に原因が求められるいくつもの災いを一身に集めたような男であった。終生の喘息患者にして同性愛者、かつうわさだけでもオナニー常習者。母の溺愛と喘息や同性愛との浅からぬ縁について論じられることは多い。オナニーもまた、母親によって引き起こされる快楽を、自分で自分の身体において再現することだなどといわれる。

それに何より、母親は子供を自分のもとに引き止め思うさま愛情を注げるよう、暗に彼が病気であることを望みさえするものだ。プルーストが母にあてた手紙の一節は、鋭く急所をついているだろう。「ぼくを元気にさせる生活がお母さんには我慢がならないんです。ぼくがまた具合が悪くなるまで、お母さんは何もかもぶっ壊してしまうんです。」（一九〇二年十二月六日）

本当に、母と子の関係ほど難しいものはない。「母親に服従する者はオタク化し、拒む者は女性恐怖症となり、過支配を受けた者はモラトリアム化し、過干渉は女性化を生じ、過保護は依存症となる……。」（山口椿『性の迷宮』）まるで、逃げ道が存在しないかのようだ。しかも、愛情のことごとくを注いだ（つもりの）息子から、母は激しく憎まれることだってあるのだ。

子が母に抱く憎悪感情の極北は、あのサド侯爵の小説「悲惨物語、あるいはウジェニイ・ド・フランヴァル」（一七八八）に見出される。ウジェニイなる女性が父親の徹底的な洗脳によって、母を憎みぬく話である。父は娘に母への憎悪と嫉妬を抜きがたく植え付けるばかりか、自分を「お兄さま」と呼ばせて肉体関係に及び、娘を逃げられなくする。娘は父と共謀して母を罠にかけて、彼女が他の男との不倫で名誉と節操を失うように仕向け、最後には命令どおり母を毒殺するのだ。母の惨たらしい死にざまに、娘のほうもショックのあまり息を引き取るのだが。

見られるように、すべては父の悪意に発する。娘においての愛憎のもつれに原因があるのではない。それでも、人間にとって母親なるものの意味は、これほどまでに凄惨でもありうるのである。サドにおいて母親とは「ふてぶてしい淫売」にほかならず、「人間が陰惨な母胎のなかで窒息する強迫観念にとらわれていた」サドにとって、「人間が女から生まれねばならないという事実」がすでに「堪えがたい汚辱」であったのである（澁澤龍彦「母性憎悪、あるいは思想の牢獄」）。

女陰は不気味な沼でもある。母親を売春婦とみる見方はフロイトにもある。サドがどんなに過激であっても、母親が子供にとってどれほど困難な存在かを考えると、母親無用論は一瞬、私たちを引きつけないだろうか。

それでもすがりつきたい母

しかし、どうやってみても人間が母親から生まれるという事実は動かしようもない。となれば、私たちとしては、母親とはまず別れる存在だと思い定めるしかないであろう。母親として子供を育てるとはまず別れを知ることであり、母の喪失は生物学的にも心理的にも自立への不可欠の一歩だと納得することであろう。

至福の融合を去り、究極の分身である者同士も別れねばならないこと、あるいは別れさせられること、本田和子の『子別れのフォークロワ』は伝承や文学作品をもとに、母の側からのそんなドラマの種々相を描いて心を打つ。

だが、別れはどのような形でか、いつかは必ず来る。母親体験の抜き差しならぬ根深さは、別れそれ自体と同時に、別れた、あるいは捨てたつもりであっても、なお心に淀む「母なるもの」の意外さにあるであろう。シンナー遊びに耽る「非行」少年たちは、一様に観音様の幻覚を見、そのなかで仲間との何ともいえぬ一体感に酔いしれるのだという。反社会的な行為のなかでも、彼らの求める体験の本質は母性への回帰なのだ（河合隼雄『母性社会日本の病理』）。

谷崎潤一郎の「母を恋ふる記」（一九一九）は、夢のなかで、少年に戻った語り手が母を求めて夜の道を歩きつづける物語である。母だと思った女性には、あんたなんか知らないと邪険に扱われる。とうとう本当の母に出会ったのに、今度はもう相手から名乗られるまで、それと見分けがつかないのだ……。

オーストラリア映画『アブノーマル』（原題『バッド・ボーイ・バビー』）のほうは、半地下の狭い部屋の密閉同様の生活で、三十五歳まで母に性関係を強いられていた男が、母を窒息死させて自分の生き方を求めていく物語である。母が自分の膝に乗って快楽を貪るのに任せていた、この素直な、むしろ愚直な男が求めるのは、しかし、母に似た乳房の大きい女性ばかりなのだ。第二の母親というべき、望みどおりの乳房を持つ女に受け入れられたとき初めて、彼は自分を見出した思いを味わうのだ。

自分が手を掛けて殺した母であってさえ、そのイメージはいつまでも尾を引く。長年、間近に見ていた母の病気と死が及ぼす哀惜の思いは、たとえ母子のあいだにさしたる屈折も無く、自分ではしっかり親離れを果たしたつもりであっても、深く心に食い込むだろう。安岡章太郎の『海邊《かいへん》の光景』（一九五九）では、中年の主人公が九日間、精神病院で老い果て精神にも変調を来たした母の枕もとに座って、その最期を看取りながら、あまり幸せでもなかった彼女の生涯に思いを馳せる。余計な思い入れも無く、淡々と、ときには冷酷にさえ母の生き方を顧みたあとで、長い年月のなかで、母は母であることによって、子は子であることによって、おたがいに償いを果たしたのだ、との静かな達観に彼は至り着くのだ。

江藤淳によれば（『成熟と喪失』）、この小説の核には「日本の母と息子の粘着性の高い関係」があるという。自分がどれほど強く母と結ばれていたか、主人公は最後になって思い知るのだ。凶器の（狂気の）母であっても、母はどうしても母なのだ。何の痕跡もとどめない別れや分離など、あるはずもない。最も望ましいのは母子の分離を果たし、そのうえでなお、どんな結びつきが可能なのか、模索することなのであろう。

より正確な言い方をすれば、分離と結合のあいだに何らかの均衡を保つこと、逆説的ながら、分離をもって結合を維持すること、これ以外に道はないように思われる。むろん、すべては言葉ほど容易でないが。

父娘姦、暴力的か合意のうえか

ベアトリーチェ・チェンチの事件のように、父親と娘の性関係が暴力的になりやすいことは第一章でもすこしみた。家族のなかでいくら母親が実権を握ることが多いといっても、伝統的に「君主」は父親であり、彼はときには神さながらの特権的な立法者である。フロイトの「原父殺し」の説話では、原初の父親は娘たちのすべてを性的に独占していたという。同じ衝動が、今でも父たちの心の奥底に潜んでいてもおかしくない。そのうえ、性衝動と他者支配の欲求は、もともと同じ根に発しているのだ。

いうまでもなく今日、インセストが家庭内暴力として論じられる最大のきっかけが、娘を自分の性欲に奉仕させたがる父親と犠牲にされる娘との葛藤にある。

実際、たとえば『百人の証言』をみても、実父・娘のインセスト二二例中、父親が一方的に娘を襲うケースが一五例に達する。妻が亡くなって十数年、今さら人に渡してなるものか、と男手に育ててきた娘に挑みかかった父親も、ボーイフレンドから手紙が来ただけで、あるいは他の青年と踊っているのを見かけただけで、かっとなって娘を抱きしめてしまった男もいる。幼いころ父の毒牙にかかった三十一歳の主婦は、今でも彼に襲われる夢を見るという。

とはいえ、こんなとき、被害者にまわるだけが娘の反応のすべてではない。父親の接近への同意や、自発的な参加や、自分からの誘いかけの事例さえけっして乏しいわけではない。『百人の証言』の残り七例のなかには、小学校六年生でありながら、父との関係で母親に対して早くも敵意に似た感情を示す少女もいる。高校生の身で、父と二人して邪魔な父の後妻を追い出す娘も、母の目を盗んで納屋で父に抱かれたがった、言葉の不自由な二十六歳の女性もいる。二十三歳のバーのホステスにいたっては、母なしで育ててくれた父親との性交渉に強い喜びを見出す。「私は父以外の人を好きになったことはありません」と彼女はいうのだ。「私は一生、父しか好きになれないのでしょうか……。」

統計によると、父親との関係で娘が抵抗を示さないケースは思いのほか多い。父娘インセストの事例のうち、六〇パーセントが娘の自発的な参加者で、抵抗したのは僅か八パーセントだとの説もあり(『現代セクソロジー辞典』、「父と娘の相姦」の項目)、ジャスティス夫妻もまたほぼ九〇パーセントまでが父親の暴力を必要としない、と驚くべき数字をあげている。

父娘インセストを基本的に「虐待」と捉える立場からすれば、こんな数字は鵜呑みにすべきではないのであろう。父親という絶対的な権力者を前にした、弱く非力な娘の心中を察するなら、「同意」と映る言葉・態度の背後にどれほどの屈折と苦しみが隠されているか、十分な考慮がなされねばならないだろう。とりわけ年少者の場合、彼女たちはただただ怖いのかもしれず、あまりのことに何の判断も下せなかったのかもしれない。

　また、よしんばそれが心からの同意であったとしても、歳のいかないわが娘の性的好奇心につけこみ、彼女と性的関係を結ぶこと自体がすでに「虐待」とされなければならないのであろう。

　だが、それにしても、ジャスティス夫妻の示す九〇パーセント以上という数字は、私たちを考え込ませる。アルコールがらみなど、一時の衝動に任せて娘に挑む不埒な父親に、むろんどんな弁解もない。それでも、娘のほうにも父親の誘いに乗る条件はやはり備わっているのだ。オットー・ランクは、父との性関係に陥りやすい女性の性格特徴を種々列挙する。父のような知的にも物質的にも卓越した年長の男性に自分を保護してもらいたい願い。あるいは、そんな男性ばかりに援助を求める売春婦的素質。他の女性から夫や恋人を奪いたがる嫉妬心、競争心。父に対して「母」であろうとするインセスト欲求の擬装……。

　ランクを補足するようにして、ジャスティス夫妻はそのような女性たちがえてして自己評価が低く、自分への関心や愛情を持ってくれる人を捜し求めていること、また彼女らが父親に対して「救い主」たらんと振舞っていること、などを指摘する。父娘インセストをもっぱら虐待の観点で論じるジュディス・L・ハーマンにしてからが、「父親と特別な関係を築くことによって、女性よりも優位な男性の仲間に入れてもらおうとする」娘の帰属欲求を重視しているのだ（『父－娘近親姦』）。

父と娘のあいだが濃厚な関係で繋がれる可能性が少なくないことは、やはり認めなければならない。だからこそ、父親たるもの、慎重に身を持すべきだということになる。と同時に、ある年齢以上の娘とのあいだで起こる性関係が、双方の合意だとみなせるケースも否定できないことになる。インセストとは本来的に悪であるとしても、多少であれ「愛」の発露でありうるのだ。

父と娘のインセストだからといって、全部が全部、強要や威嚇の結果だということにはなりにくい。母と息子の場合と同じく、ときとして自然に性関係が成り立つというところに、父娘インセストの問題性があるのだ。

オヴィディウスの『変身物語』によれば、ギリシア神話の娘ミュラは徹底的に父キニュラスを慕いぬき、策をめぐらして暗夜、父のベッドに辿り着いて思いを遂げる。だが、彼女の正体を見抜いた父の激しい怒りを買い、彼女は自ら自分の醜行を罰すべく、幹からいつも涙を流す一本の樹木に姿を変えるのだ。「没薬《もつやく》」（ミルラ）の木がこれである。第三章で言及したアゴタ・クリストフの『ふたりの証拠』にも、むしろ美しいといいたい父娘インセストの情景がある。罪責感に駆られ、泣きながら身体を寄せてくる淋しく善良な父を促し、娘のほうから行為の完遂に導くのだ。

娘主導の対父親インセストだって起こりうることを示すために、何も神話や文学作品を持ち出すまでもないかもしれない。冷静な目で見渡すと、近親間に限っても人間の性行動は本当に限りなく多岐に及ぶ。久保摂二が調査したなかに、中国地方の山村に発生した意表をつく義父・娘姦の事例がある。母の連れ子であった娘が日ごろから義父と深い仲にある。母の死後、待ちかねたように彼と正式に結婚、五人の子供をもうけさえする。だのに、義父が村の有力者であったことも手伝ってか、村人のあいだに何ら指弾の声は聞かれなかったという。

父が娘に求めるもの

サルには群れのボスはわかっていても、自分の父が誰だか知っているものはいない。父親とは人間の発明だと河合隼雄はいう。母親の歴史は何十万年と長いけれど、父親の歴史はほんの最近始まったばかりなのだ（『家族はどこへいくのか』）。

昔は、自分の子供が本当に自分の子供であるかは、月に生き物が住んでいるかどうかと並んで、人間にとってどうしても解決できない二つの永遠の謎とされたものだ。だが、月に生物がいないことが明白になった今でも、遺伝学のこれほどの進歩をもってしても、父と子の関係を百パーセント立証することはできない。

子供の成育にとって母親は不可欠であっても、父親が絶対に必要だとはいいにくい。神話にも民話にも、父抜きの母と子の物語が少なくない。小此木啓吾はアメリカの家族研究家リッズの言葉を引いて、家族からみて父親とはまず道具であり、またイメージ、さらには一つの役割なのだ、と論じた（『日本人の阿闍世コンプレックス』）。つまり、母親と違って、父親とはいささかもそれ自身の存在ではない。人は一つの役割適応によって父になるのであり、この適応の結果、父親という役割に適合した二次パーソナリティを身につけるのである。

一家の専制君主たる父親は、その反面、足元の意外な脆弱さにもさらされているのである。家族のまとまりが緩み、父親の不在が叫ばれる今日では、その傾向はいっそう大きいだろう。

父親がときにはインセスト、あるいはインセストぎりぎりのところで娘との濃密な絆を結びたがるのは、父たる権威に乗っかってであるとともに、自己の存在理由についてのこのような空虚さ、稀薄さの意識に根ざす部分も無視できないだろう。いわゆるロリータ・コンプレックスのように幼い娘を舐めるように可愛がるのも、嫉妬を交えて年頃の娘にしつこく干渉するのも、単なる「役割」を超えた愛の実感を追い求めてのこととして理解できる。

娘への嫉妬といえば、小池真理子の『夜ごとの闇の奥底で』（一九九三）は、娘が自立して他の男と親しくなることを強く危惧する一方で、彼女が誰かと愛し合うのを期待もする、倒錯した父親の心理を描いている。娘が自分から離れていくのは確かに怖い。だがもし娘が男性体験を経たとすれば、失意の半面、わが娘への感情がなおのこと濃密で刺激的になり、彼女が妖しい魅力で輝き、父としてもいっそう干渉と叱責の楽しみが増大するのである。

わが子の結婚式で涙を流す父親には無意識のインセスト願望が働いているのだ、などとしたり顔で断じるのは俗流精神分析の常道かもしれない。だが南博は、上の娘が結婚するのがショックで、妻と下の娘を傷つけ、自分はマンションから飛び降りて自殺した会社の重役のケースを紹介している。こうなるともう、娘への所有欲・独占欲の背後に性的なものを探り当てずにはいられないだろう。

父娘インセストがしばしば母への愛着を内蔵しており、そんな父親が未熟な子供の姿をとどめていることもよく指摘される。ロール・ラゾンは、アルコール依存で暴力的な現実の母のもとで、いつしか性関係に陥った父娘のケースを調べて、彼らが幻想のなかで二人して理想の母を追い求めているのだと解釈した。また、これもオットー・ランクが述べることだが、若さの盛りにあるわが娘へのインセスト願望には、父親の側で、妻の取り替え、第二の結婚という夢想が託されている。若返った妻を手に入れることで、新鮮な自己の再生の夢も叶えられるのである。

インセストそのものではないが、有名なバルザックの小説『ゴリオ爺さん』(一八三五)の主人公ゴリオは、二人の娘に対する凄まじいほどの愛情・献身・自己犠牲で私たちを驚倒させる。どんなに報いが得られなくても、どんなに忘恩と軽侮と裏切りしか返ってこなくても、彼は彼女たちに文字通りすべてを与え尽くす。情痴とも嗜虐的とも形容できるその狂態に、冷静な観察者ヴォートランが、当時異常性欲者を指して用いられた「情熱家」なる呼称を当てはめるのも納得がいく。

一家の君主たるべき父親は、ここまで娘の奴婢と化することができるのである。もっともこれは、極端ながら、世の父親が一様に持つ干渉欲求の、逆方向の一変種として理解できなくはない。本来、干渉と愛情は表裏一体をなすことが多いのだから。

ピグマリオン・コンプレックス

あれこれ事例を見渡すにつれ、父と娘が密接な関係で結びつく主なきっかけが、広義のいわゆる「ピグマリオン・コンプレックス」にあるのだと思えてくる。大当たりをとったミュージカル『マイ・フェア・レディ』や、その原作であるバーナード・ショーの『ピグマリオン』(一九一三)のように、またアメリカ映画『プリティ・ウーマン』のように、未熟な荒削りの素材を立派に育て上げようとする、いわば教育欲求である。

娘からみて父は手近にあるモデルにして、容易に尊敬とあこがれの対象となることができる。父にすれば、娘は望み多き期待の星となりえ、子育ての美名に隠れて、ひそかに肉感的な楽しみを味わうことも不可能ではない。もともと男女の愛一般が、教育し教育される喜びと切り離すことができない。自分の感化と一体感のもとに相手が変わっていくのを確かめることは、ナルシシズムと境を接して、自己が承認され伸び広がるという、人間にとっておそらく最大の願望を満たしてくれるだろう。

同性愛の世界においてもまた、男性同士の師弟関係の緊密さが社会に貢献してきたではないかというのが、古来ゲイの人たちが使ってきた自己弁護の主たる根拠であった。

前にみたサドの「悲惨物語」が私たちを驚かせるのも、母性憎悪の思想もさることながら、一人の父がここまでわが娘を操れるのか、というその極端さによってである。サドの作品が多分に観念小説であることを差し引いても、娘が父に対して抱く尊敬の念、そこからくる従順さがどれほどまで悪用されうるかの、これは一種の見本といってよい。

父親ゴリオを衝き動かすのもまた「ピグマリオン」の情熱である。「わしは三人分生きておるのですな」と彼は胸を張る。娘二人を美々しく着飾らせ、贅沢三昧をさせて人びとの賛嘆を浴び、そのことで彼自身も喜びに浸りたいのだ。しかも彼の愛し方は猫かわいがりの愛玩そのものであるから、象牙の人形に夢中になったギリシア神話のキュプロス島の王にますます近い。

しかし当然とはいえ、たとえわが子であっても、むしろわが子であればこそ、教育とは困難にして報われることの少ない仕事である。父親ゴリオは娘たちの両方から手痛い裏切りに会う。極貧のうちに惨憺たる死を迎える父親のもとに、どちらも駆けつけようとしない。ショーの『ピグマリオン』にしてからが、主人公ヒギンズはせっかく苦心して淑女に育てたもとの花売り娘イライザに求婚したのに、彼女はこれを拒んで他の男の手に移ってしまうのだ。

室生犀星の『杏っ子』(一九五七)、森茉莉の『甘い蜜の部屋』(一九七五)。日本文学にも「ピグマリオン」主題に分類できる小説がある。どちらも父と娘が閉鎖空間のなかでひしと向き合い、いわば相互ナルシシズムに没入するというパターンである。他の人間にはどうしても入る余地がなくなるのだ。

『杏っ子』では杏子は最後に、夫との離婚を選ぶ。「一人の女を自分の好みにまかせて、毎日作り上げようとしているのではないか」という父の述懐どおりに育った彼女には、父(彼女は平四郎さんと呼ぶのだが)の影が強すぎたのである。「君は親父のぬけ殻を背負って歩いているんだ。君は君の親父のせいで生きているんだ」と夫は急所をつく。彼女の離婚は、意図するとしないにかかわらず、父との「共謀」で仕組んだ他者排除の劇であった。

「[父に]似た男が出て来たら、もう一度れんあいしてみるかな」と杏子は冗談まじりにいう。『杏っ子』にもインセスト的な感情はあちこちに姿を見せる。でも、父と娘相互の濃密な官能を描く点では、『甘い蜜の部屋』の比ではない。矢川澄子によればこれは、「日本語で綴られた最も淫蕩で官能的で、空恐ろしいまでに背徳的な物語」(『「父の娘」たち――森茉莉とアナイス・ニン』)である。

ここで父と子が直接交わるわけではなく、サドのような異様な犯罪が展開されるのでもない。だが、富裕な実業家林作を父に持ち、最高の奢侈のもとに、「甘い蜜の部屋」で、徹底して自由に、ほとんど人工的に育てられた観のある娘藻羅《モイラ》は感覚だけで生き、義務の観念などかけらも持たない娘である。反道徳、むしろ無道徳のなかで自在に生きる彼女の、いわば無垢なる残酷、巧まざる悪意が妖しい魅力となって人を惹きつけはしても、父以外には誰も、奔放な彼女を繋ぎ止めることはできない。

最後に、彼女を持ち扱いかねた夫守安《マリウス》が自殺し果てたとき、父林作はかえって喜ぶ。手塩にかけて育て上げた財宝を、これでようやく彼一人のものとする時が来たのである。母を持たず「母の乳房にまといつくようにして」父に甘える娘と、娘に「恋としか言いようがない」感情を抱く父とは、めでたく「甘い蜜の部屋」に復帰したのであった。父の顔には「いささかも忸怩としたものの無い、誰をも憚らぬ美しい悪魔の微笑い」が浮かぶ。

父と娘のあいだには、なまじ性関係が存在しない分だけ、逆に、これほどまで濃厚な官能的な愛情が成り立つのである。林作親子の愛情のほどを見つめながら、使用人の一人が感に堪えて思う。「この世に、男と女の恋以外に、恋に酷似した、どうかすると、恋以上のものがある」のだと。

愛する「ピグマリオン」を思い通りに育てるのは容易でなく、強く結び合った二人の愛から他者ははじき出されて不幸な結果を生むかもしれない。それであっても、親子の愛、肉感的なもの、相互のナルシシズム、それに世俗的モラルの無視……、さまざまの要素が入り混じったなかから、一種特異な「愛」の型が醸成されるという事実は残る。

父と娘のこのような愛の交歓をみるにつけ、世にある男と女の愛がどれほどの変種・広がり・可能性を持ちうるか、私たちはあらためて感じ入らざるを得ないのである。

母親の反応

父娘インセストを考えるにあたって、最後にもう一つの問題にふれずにすませることはできない。わが夫とわが娘がただならぬ関係に陥ったと知ったとき、妻はどんな行動に出るのであるか。

多くの事例を眺め渡すと、予想を裏切る結果であっても、こんなとき黙過、無視、あるいは容認や奨励に近い態度さえとる妻がかなりの数に及ぶことがわかる。内田春菊の『ファザー・ファッカー』では、義父の力ずくの強要から逃げようとする娘に向かって、母は「静子さん、お父様にさからっちゃ、だめじゃないの」と小さな声でさとす。『百人の証言』には、ただ「やめてください」と力無くいうだけで何の手立ても講じない母もいれば、娘が泣き叫ぶ声を聞いてさえ、おろおろするばかりの母もいる。甚だしいのは、夫が義理の娘を抱くたびにお金を受け取っていた妻のケースである。つまり彼女は、娘を夫に金であてがっていたのである。

こんな母たちが、古来忍従が美徳であった日本にばかり多いとはけっしていえない。アメリカのフォワード、バックは「黙認者」「無言の参与者」として、父娘インセストでの妻の役割を重要視した(『近親相姦・症例と分析』)。フランスのロール・ラゾンによれば、四〇パーセントの妻が夫と娘の関係を知り、うち六〇パーセントがその事実について秘密を守っているという。さらに、オットー・ランクは当時のドイツの新聞記事から、夫が妻の連れ子二人と関係を結んで計六人の子供を生ませ、彼女らに命じてその五人を殺させたという凄惨な事件を紹介している。妻は経過を重々知りつつも、何の手も打たなかったという。

母親の黙認が事態を深刻にしていることはいうまでもない。フォワード、バックが調査したなかには、「母が無意識的ながら承諾を与えたので、父の愛情に性的に報いるのは自由だと感じた」と洩らす娘もいる。

母親にしてみれば、争いよりは屈従が好ましく、娘を犠牲にしてもいいから、表面的であっても、可能な限り穏便に、事を円く収めたいのかもしれない。あるいは、先にみたように、娘がついつい父親の誘惑に屈するのと同様、今度は母親が夫の横暴の前にわが身を捨てるのかもしれない。そこまでしても、近親者を辱めることは避けねばならないのかもしれない。

いや、それ以上に、妻は娘を夫に売り渡してでも、夫をつなぎ止めたいのだ、とも考えることができる。妻の座は死守するだけの値打ちをもって見られるのであろう。娘を救わなかった『百人の証言』のある母親は正直に言う。「でも自分の夫だけは、何とひきかえても手放すのはいやだということ、今にあの娘もわかりますでしょう。勝手な私でしょうか。」

いろんな仮定が成り立つにしても、すべては「家族」という人間結合の不可思議さに帰着するように思われる。まったくの形骸にすぎなくても、妻たることはかくも恋々たる執着に値するのであろうか。見せかけだけの家族の「和」は、かくもすべてに優先するのであろうか。

第六章　きょうだいインセストとその周辺

二人は落ちながらしっかりお互の肱をつかみました。この双子のお星様はどこ迄も一緒に落ちようとしたのです。

——宮沢賢治「双子の星」

きょうだいインセストの問題

母と息子、および父と娘のあいだに比べると、きょうだい同士では、一般に、支配・被支配、保護・被保護の関係が働くことが少ない。一方的な意志の押し付けも、権力的な要素も、親子ほどには加わりにくいから、きょうだい間の葛藤が家族問題として論じられることはそれほど多くない。

マルグリット・ユルスナールは「姉アンナ…」の自作解説で、文学におけるインセスト主題の歴史を大まかに振り返って、「意志的な」近親姦行為はきょうだい間に成り立つものだけだとみなし、父親と娘、母親と息子の行為が双方の意志によって成立するケースは数少ないのだと考えた。きょうだいインセストだからといって、すべてが合意のうえだとは言い切れず、『百人の証言』では実兄と妹二二例のうち五例に強要がかかわっている。でも、親子間と違って効用性や力関係が関与する余地の少ない間柄では、性関係も概してふつうの恋人同士のような自発的な形に近づく可能性を持つだろう。その分、このほうが他のパターンに比してより純粋なインセストだということになる。

もともと同性の場合と異なり、異性のきょうだい間ではライバル意識より親和性が高いのだといわれる。「ヘンゼルとグレーテル」のように、きょうだいが助け合う物語はよくある。ダストールによれば、オセアニアのある島ではインセスト発生の懸念から、異性のきょうだい同士をなるべく接触させずに育てる習慣があるのだという。彼らは顔も見合わさず、おたがいを避ける義務があるのだ。もっとも、彼らがまったく知らないままでいるのもまた望ましくなく、一方でおたがいを忘れてしまわないような方策も講じられる。きょうだいが親しすぎても、逆に完全に疎遠であっても、性関係が起こりやすくなるから、両面の対策が必要なのだ。

父娘、母息子のように権力的な関係か、きょうだいのような対等の関係か、どちらがよりインセストを生起させやすいか、一概にはいいにくい。当事者の判断で行なわれるケースほど表面に出ることが稀であるから、なおさら数値がつかみにくくなる。ただ、父母のように直接、誕生にかかわった肉親相手より、血を同じくするだけの者同士のほうが多少ともタブー意識が弱くなることは考えられる。

それに、父と娘や母と息子があまりに親しいと世間は変な目で見るが、きょうだいだとそれほどでもない。オウィディウスの『変身物語』で兄カウノスをひたすら慕うギリシア神話のヒュブリスは「わたしたちは、人目を忍ぶ甘美な仲を兄妹愛のもとに隠すことができるのです」と、誇らしげに言う。もっとも、兄ににべもなく撥ねつけられた彼女は、狂乱のあまり荒野で激しく泣き叫び、自分の涙で溶け去って最後は泉に姿を変えるのであるが。

求め合うきょうだいたち

きょうだい間の性関係がどれほど一般の男女のそれに近づこうと、やはり家庭内で行なわれることに変わりはない。それを生み出す条件は、やはり家族に求めなければならない。

父母の一方または両方の不在、あるいは彼らが十分に親の勤めを果たさないこと、多くの研究者がほとんど異口同音にこの点を指摘する。現実社会でも文学作品でも、この種の事例はおびただしく見出される。久保摂二は調査の結果、きょうだい姦を犯した男性は長男とか、一人息子とか、実質的に家族の中心人物であって、さらにその家庭内で、未熟なまま統率者の座に据えられた者に多いことに気づいた。

また逆に、家族や親からの締め付けが強い場合でも、そのことへの抵抗や反発として、きょうだいの結束が異様に強固になることがありうる。三島由紀夫の劇『熱帯樹』は、妻が息子と肉体関係を結び、彼を利用して夫の殺害を企てるなど、もつれにもつれた家族間の愛憎の物語である。疲れ果てた兄妹が最後に、たがいの愛だけを信じて家を出るのだ。『百人の証言』には、厳格すぎる父母の教育に背いて、二人だけの兄妹が寄り添うように深い仲になったケースが収録されている。

母と子の繫がりがあらゆる家族関係の基本であるから、姉弟インセストでは、姉が弟に対して母親の役目を果たす場合もまた少なくない。ランクはこれを母子姦の「第二の複製」と呼んだ。実際の母が健在かどうかにかかわらず、しっかり者の姉が親身になって、すこし子供っぽいわがままな弟の世話を焼くというパターンは、私たちの周囲でも文学作品でも、しばしば見受けられる。第一章でみた幸田文の『おとうと』や、フランス映画『背徳のささやき』（原題『私の好きな季節』）、第三章で宗教に関連してふれたスイス映画『山の焚火』など、この型に加えることができる。

弟にすれば、姉はきょうだいとして対等でありつつ母親のように甘えることのできる、それだけ有利な存在だということになる。久保摂二はきょうだい姦について、一方が他方に対して母親的立場に立つにつれて、インセスト行為そのものは減少するのだという見方を示す。想像のなかでの姉にして母という二重の近親関係が、その分タブー破りを困難にするのであろう。

ついでながら、カトリーヌ・ドヌーヴ、ダニエル・オートゥイユ主演の『背徳のささやき』は、どぎつい邦訳題名にもかかわらず、一途に迫る弟と、これを巧みにセーブする怜悧にして愛情深い姉との屈折を描いて、なかなかの佳品である。

きょうだい姦は双方でのオナニー行為に相当するのだ、などとよくいわれる。確かに、それは人目をはばかりながら行なわれる、よく似た者同士の性行為である。自分自身を相手にするのと近いといえば近い。

だが、ローベルト・ムージルの『特性のない男』では、こんな後ろ暗い営みがほとんど形而上的といいたい高みに至るのがみられる。この小説の第二部で、幼少期以来ほとんど一緒に暮らしたことのないウルリヒ、アガーテの兄妹が再会して同居する。たちまち、二人のあいだに心身両面の深い愛が芽生え、二人して愛の「千年王国」を目指すまでになる。周知のように、プラトンは原初の人間は男女一体だったと考えていた。おたがいが相手のものであり、二人して一個の人格を形づくる、そんな補完性の関係が、彼らには人間の理想そのものに思えたのであった。ウルリヒはアガーテに向かって「きみはぼくの自己愛なんだ」と叫ぶ。アガーテのほうでも「シャム双生児でなくてはならないわ」(加藤二郎訳)と応じる。実際、生まれながらの双子のように、彼らはおたがいを自分のうちに感じるのであった。

「時折、自分の息がヴェールに当たって、熱いまま、まるで他人の二枚の唇のように戻ってくるのを感じることがあるわ。そして、そんなふうに見違うほどに、あるいはそんなふうに現実に、わたしがあなたなんだと思えることがあるのよ!」

きょうだいインセストの持つ相互ナルシシズムの契機については、少しのちでもう一度取り上げる。さしあたっては、教養豊かな成人同士で(ウルリヒは三十二歳、アガーテは二十七。アガーテには夫もいる)性関係を含んだきょうだい間の愛情が、むしろ誇り高く、自覚的に選び取られていることに注意を向けておこう。彼らが多分に夢想家肌の男女であり、ムジールの小説自体およそ写実的なところのない作品ではあるとしても(山口昌男は『文化と両義性』で、この小説をもとに「多元的現実」の問題を詳しく論じている)。

「妹《いも》の力」

『パンセ』(一六七〇)を書いたパスカルとその妹ジャクリーヌ、『キリスト教精髄』(一八〇二)のシャトーブリアンと姉リュシル、『イエスの生涯』(一八六三)で有名なエルネスト・ルナンと姉アンリエット……。女性が兄あるいは弟と深い情愛で結ばれ、彼を鼓舞し援助して、その創造活動に一役買うというパターンは昔からよくある。

パスカルきょうだいの場合など、姉ジルベルトが言うのに、二人して一つの心を持っていたのだった。小説家モーリアックは詳細なエッセイ『パスカルとその妹』（一九三一）を書いて、妹の存在が兄の思想形成のうえでどんなに重い役割を果たしたかを示し、彼女が兄にとって先導者でも、ある点では支配者でもあったことを語っている。

柳田國男が、奄美・沖縄地方に残る「ヲナリ神」崇拝の調査を通じて、女性には男兄弟を導く何かの「霊力」が宿っているという感じ方を明らかにしたのは名高い。ヲナリとは姉妹を意味する。沖縄諸島では、姉妹は古くから男の兄弟によって、事ある場合の守護指導の精霊と認められていた。男が旅立ちにあたって、姉妹の髪の毛または手巾《しゅきん》など、彼女が使い慣れた物品をもらい受け身に携える風習は、昭和の初頭までつづいていたといわれる。

「妹の力」で柳田が論じる、このような女の霊力いいかえれば魔力への崇敬あるいは畏怖の念は、広く人間の感受性一般の古層に位置するといえるだろう。デュルケームが女性の経血への畏怖をもってインセストタブーの起源とみなしたことは第二章でみた。昔から絶対者や超自然との交流は、主として女性の仕事であった。生命を生み出す能力を具備するという点だけでも、女性は神秘な存在となる。ヨーロッパ中世の魔女狩りも、女性に対する何らかの畏怖の念が奥にあるかもしれず、日本の宗教にある女人禁制にしても、ほんらい宗教性の高い女性が山に登ると神様が嫉妬するからだ、との解釈がある。しばしば女性の髪の毛には特別な力が宿るとされ、女の貢献と同一視される「織布」は婚家において富と幸福の象徴でさえあった。

女性たちが邪悪にして穢れた存在とみなされていたとしても、そのことは逆に神格化への道も開く。世界各地での女性への両極に及ぶ感じ方については、例えば吉田禎吾の「女性の魔力」(『魔性の文化誌』)に詳しい。

パスカルたち三人がいずれも優れた宗教論を著したのも、女きょうだいがほんらい持つ超自然な力に支えられた部分が大きかったということになるのだろうか。

彼ら以外にも、姉妹と深く心を通わせ、創造への糧を受け取った例は文学者に限っても、いくつも列挙することができる。フランスのモーリス・ド・ゲランと姉ウージェニー、ドイツのゲオルク・トラークルと妹グレーテ、アメリカのナサニエル・ホーソーンと姉エリザベス……。

日本でなら、宮沢賢治と妹トシを挙げなければならないだろう。彼女は賢治が生涯で最も愛した女性であり、その死は彼の人生最大の衝撃であった。二人は精神的という以上の愛情で繋がれ、トシが東京で発病したとき賢治は急遽上京、いつも枕辺にあって大小便の面倒までみたといわれる。彼が終生最も気に入っていた童話「双子の星」に、妹トシと彼自身が仮託されていることもまたよく知られている。

熱愛する妹が兄の腕に抱かれて亡くなったのはみぞれの降る日だった。そのときの様子は、万感の思いとともに絶唱「永訣の朝」「松の針」「無声慟哭」に歌われている。

妹の願いで彼は「さっぱりとした雪のひとわん」を彼女の口もとに運んでやるのだ。「けふのうちに/とほくへいってしまうわたくしのいもうとよ」で始まる「永訣の朝」は、次のように結ばれる。

どうかこれが天上のアイスクリームになつて
おまへとみんなとに聖い資糧をもたらすやうに
わたくしのすべてのさいはいをかけてねがふ

この詩を引用した饗庭孝男のいうように（『文学の四季』）、この雪は「水の物質化、美しく無垢な存在のしるしであり、そんなトシと同化して鎮魂のおくりもの」となったのである。それはまるで「聖体拝受のような儀式」なのであった。

第三章で言及したように、三島由紀夫もまた夭折した妹を深く愛していた。彼のもとを離れていった一女性の結婚と、この妹の死が「私の以後の文学的情熱を推進する力になったように思われる」と、彼は「終末感からの出発」で書く。彼もやはり「妹の力」に励まされた一人であった。

「妹の力」を、禁じられたインセスト衝動と結びつけ、きょうだいへの欲動の、抑圧された発露だとみなす解釈がある。とすれば、宮沢賢治の場合のように、あやうく一線を越えそうなほど、きょうだい同士が可能な限り緊密に、愛情のことごとくをもって結ばれれば結ばれるほど、ますます強く「霊力」が働く道理であろう。

異母姉オーガスタと熱烈に愛し合ったバイロンもまた、女きょうだいの存在が文学創造に大きく貢献した好例といえる。ランクは、彼が劇詩『カイン』（一八二一）でインセストの無垢性の思想を滲ませたのはオーガスタ体験の直接の反映とみなし、代表作『マンフレッド』（一八一七）にもその影が落ちているという。

錬金術——インセストの創造力

私たちは第三章で、世界の創造神話の多くがきょうだいインセストを出発点にしていること、多くの民族でインセスト行為がしばしばプラスの効果を持つとされていることをみた。前章ではまた、石田英一郎の所説にふれて、母息子姦もまた創造のきっかけとなることを知った。ここに「妹の力」を加えると、人間の想像力において、インセストあるいはそれに境を接する家族間の緊密な愛が、超自然的に恩恵として機能する契機が驚くほどたくさん存在することに気づく。

親子きょうだいの真摯な情愛が惜しみなく注がれるところ、奇跡だって起こりうるのだという信仰あるいは期待もあろう。しかしまた、インセストのような日常的に忌まわしいもののほうが、巨大な力を秘めたものとして要請されやすいのだと考えることもできる。日常的なものは日常のままで終わる。掟に従い、定められた道を従順に進むところからは何も産出されることはない。その点、悪を働くことに動員される心的エネルギーは、何かを生み出す力に転換されることもありうるのだ。

人がふつうできないことをやってのけるのだから、悪をなす者はいわば「超人」である。処刑された罪人の遺体が崇拝の対象になる例のあることは以前にみた。トンガ族の男たちがカバ狩りの前夜、娘と同衾するのはまさに、悪行を犯すからこそ、偉大な行為をなしうると信じられていたからであった。

フォン・フランツはおとぎ話分析の一つの結論として、『悪におちこむことで超自然的力、超人間的な才と資質を得る』というケースがあることを述べた（『おとぎ話における悪』氏原寛訳）。アンドレ・ジードが、文学は「悪」との協力なくしてはありえないと考えたのも思い合わせることができる。
男女の結合が創造のシンボルとなるにしても、ふつうの交わりより、変則的にして、厳格な禁忌によってがっちりガードされたものが、いざというとき、かえって有効な発条として機能しうるのである。神話においても、世界を創造するのはやはり近親のペアーでなければならないのだ。

私たちはここで、錬金術の煩瑣な議論に深入りするつもりはない。だが、ありふれた金属を金に変成するという究極の企てにおいて、無視できない役割を担うのもまたインセストのイメージである。

もともと、男女および結婚の観念が支配的なところに錬金術の大きな特徴がみられる。能動・受動、形相・質料、霊魂・肉体、火・水といったもろもろの対立もすべて、原理的に男性・女性の対立に還元され、科学的な結合はほとんどつねにエロス的なイメージをまとう。こんななかで、インセストとりわけ母息子姦は、湿性（母）と乾性（息子）の結合として母胎回帰の象徴となり、自然の原初状態、大地母神、第一原質《プリマ・マテリア》への復帰をも意味する。インセストは身近な者同士の結合として、これも錬金術において重要な両性具有的性質をおび、それゆえに輪の形で自分自身と結びついているあのウロボロスという表象の、一変種にほかならないのだ。

つまり、母息子インセストとは錬金術からみて「男性的なもの（火、空気）が女性的なもの（水、土）と合体して、本来それが生まれてきた場所へ死滅しながら帰ることによってそれ自身を精錬する」（種村季弘「錬金術と近親相姦」）ことを意味する。錬金術において、はなはだ重要なプロセスといわなければならない。

河合隼雄によってもうすこし一般化すれば（「象徴としての近親相姦」）、「母なる大地との一体感、そこにわれわれが死と再生の体験をすることができるとすれば、それは創造性へとつながる」。だが、母という原初的存在との合体は、自己の溶解と完全な「死」にほかならない。そんななかでも自己を失わず、精錬を経てそこからの強靭な復活を遂げうるのは、並みの人間にとって容易ではない。その過程の困難と危険性のあまり、人間にはインセストが禁止されたのだと河合は述べる。レオナルド・ダ・ヴィンチのような天才がよく創造性を発揮しえたのは、そんな試練に耐える強さを具えていたからなのだ。

これも第三章の終りでふれたことだが、多種多様な、ときにはたがいに相反する意味を発散することによって、インセストなる文化現象は際立つ。錬金術と結びつくに及んで、それは死と破壊の契機を微妙に含みながら、人間を実質的に創造主たらしめる役割さえ担うことになるのである。

密室とユートピア

錬金術的発想に比べてはるかに低いレベルであっても、インセストに耽る人びとには、しばしば、自分にとって最も近い血縁者のうちに、わが身を合体・溶解させたい願いが潜んでいることは容易に見て取れる。それは端的には「母胎」にも似た、他人を交えない「密室」のなかで、二人だけの夢を追う彼らの生き方に現われる。

近親姦がオープンに行なわれるなど絶対にありえないから、すべてのインセストは密室を条件とする。だが、強いられた密室であっても、愛する二人が閉じこもる限り、それは小さなユートピアであることができる。

サルトルの劇『アルトナの幽閉者』(一九五九)のような文字どおりの密室でなくても、絶海の孤島(夢野久作「瓶詰地獄」)、スイスの寒村(映画『山の焚火』)、地下の墓穴(『千一夜物語』第十一、十二夜)、子供だけの部屋(ジャン・コクトー『恐るべき子供たち』一九二八、イアン・マキューアン『セメント・ガーデン』一九七八)、成人の二人暮らし(吉行淳之介「出口」、松本清張「典雅な姉弟」一九六二)……。文学作品のたぐいだけであっても、さまざまの型の密室がありうる。

ヨーロッパで王侯貴族にインセストが多いのも、城館という閉鎖的な環境に守られてのことだとよくいわれる。孤立した彼らの城館が、禁じられた快楽を誘発したり、これを世間の目から隠したりするのに格好の場所だったのである。墓穴や洞窟が子宮のアナロジーだとも、もともとユートピアという発想自体が母性原理に属するともいわれる。

世間からの防壁でも、現実から自然への下降でもあるこれら密室に暮らし、思うさまおたがいの愛を確かめることができて、相姦者たちはさぞや幸せだろうと思える。「瓶詰地獄」の兄妹にとって、漂着した島は文字どおりユートピアだ。二人はここで、罪悪感と戦いつつも、けっこう楽しく「日に増し丸々と肥って、康強《すこやか》に、美しく長《そだ》って」いく。「この島の清らかな風と、水と、豊穣《ゆたか》な食物《かて》と、美しい、楽しい、花と鳥とに護られて。」

だが、この兄妹とて、この先いつまでも孤島での二人暮らしを続けられるわけではない。「典雅な姉弟」では、弟が姉を殺す。『山の焚火』でも『セメント・ガーデン』でも、愛し合うきょうだいが引き裂かれるのは目前に迫っている。『恐るべき子供たち』では最後に姉も弟も、それぞれに自殺を選ぶ。せっかく「甲羅のように」自分たちの部屋を固め、「姉弟は同じ身体の二つの手足のように、そのなかで暮し、体を洗ったり、着物を着たり」(佐藤朔訳)していたのに。二人して顔を見合わせるばかりの生活が長続きしにくいということであろうか。もともと、ユートピアとは短命な運命にあるのであろうか。

しかし、かりに密室での生活が幸せに営まれたとしても、その幸せがどんな性質のものか、疑問が無いわけにはいかない。時間が静止したような、安逸で沈滞した、社会と隔絶された生活のなかでは、何が生産されるわけでもなく、羊水のなかに浸ったように、二人して中空を漂うばかりであろう。先ほどの河合隼雄の言葉にあるように、これは近親者同士がたがいに相手のなかに身を没した、事実上死にひとしい生存の仕方なのだ。

吉行淳之介の短篇「出口」は、ぴったりと入口を閉ざしたまま、出前ばかりで営業を続ける鰻屋の話だ。五十がらみのその夫婦は実は兄妹ではないか、との噂が立つ。この店では肝吸いを供しない。肝は夫婦(兄妹)の口に入るのではないだろうか。おそらくは生肝のまま。「暗い家屋の中の血塗れになった二つの唇が、彼〔語り手〕の脳裏に浮かび上がってくる。その二つの唇は、向い合い触れあい、執拗に吸い付き探り合う。」そのうえ、語り手はこの店の前を通るたびに、何か「脂くさいような、饐《す》えたような、厭なにおい」を感じるのだ。

世間の目を厳重に絶った、後ろ暗い禁じられた愛の実行者のイメージは、このように不気味なのであろう。「饐えたにおい」は、淀んだ二人の生活から発する一種の腐臭なのかもしれない。

社会の規準に属さないインセストの愛に耽る者は、人間と文明の水準をどんどん降下して、動物へ無生物へと、生存のレベルを下げていくのであろうか。ジャン・ジュネの『ブレストの乱暴者』（一九五三）で、リジアーヌ夫人は息子ロベールと交わるのにあたって、自分の愛が「みずから最も遠い洞窟時代まで降りて行かねばならない」ことを理解する。「原形質の、幼虫の、ぼんやりした薄明の状態に立ち帰り」、「リジアーヌ夫人の愛は彼女を溶かしてしまわなければならない」（澁澤龍彦訳）のである。

『セメント・ガーデン』の著者はインタビューに答えて、この小説では、両親が死に絶えたあと、残された子供たちが「穴を掘って棲む小動物のように」暮らすのを描きたかったのだと言った。『甘い蜜の部屋』でも、父親との完全な共生に生きる娘モイラは「一種の下等動物」だ。彼女はまるで棺に似た、箱型の、身体がすっぽり嵌まり込む深いベッドでまどろむのが好きだ。「そういうのは胎内記憶が強く残っている人間なのだ」と、父の林作が説明をくだす。その言葉が彼女には気に入り、「狭い子宮の中の、生温かな水の中に浸っていた小さな自分を想像することも」あるのだ。

これまでにも述べたことだが、本当に、インセストの欲望に身を委ねるとは、通常の人間のレベルから離れることである。錬金術の場合のように、神の高きを目指すこともあれば、逆に、動植物へ、死のほうへ、下降の道をたどる場合もある。それぞれの意味で「人間」たることを失っていくのが、インセスト行為が「悪」と切り離せないゆえんなのだ。

インセストは死の匂い

文学作品のたぐいにおいて、インセストの主題がどれほど頻繁かつ緊密に「死」と結び合っているか、これまで引き合いに出したいくつものケースからでも十分に察することができる。その多くが当事者の死だとしても、アントニオ・バンデラス主演のスペイン映画『インセスト』（原題『風に逆らって』）や英仏合作の『イノセント・ライズ』のように、世を忍ぶきょうだいの愛が殺人に繋がる場合もある。とりわけ後者は、二人の秘密を貫こうとすれば、どれほど多くの犠牲者を必要とするか、スリラー仕立てで物語ってみせる。逆にサルトルの『アルトナの幽閉者』は、事実死んでいない人が死者として扱われる設定である。

当事者の死といっても、むろんその姿はさまざまである。『水で書かれた物語』の主人公は、運命を自然に受け入れ、すべてをあらかじめ計算したうえで、静かに死を選んで果てる。ピエール・ド・マンディアルグの短篇「蝮のマドリーヌ」（一九八三）のように、愛する姉が断崖から飛び降りてちょうど一年後、まったく同じ場所で、同じ仕方で後を追おうとする少年を描いて、鮮烈な叙情性とともに、乾いた鋭角的な死のイメージを差し出す作品もある。

また、イヴ・ベルジェの『南』、ユグナンの『荒れた海辺』においては、作中人物の誰かが死に至るのではない。ただ、どうしようもない死の想念が彼らの心の奥にこびりついて離れずにいる。禁じられた愛の行き先が死のほかにはないことを、彼らは痛感せずにはいられないのだ。「これほども歎きこれほども苦しんだぼくは、ついにぼくの不思議な愛が死に近づく一つの道に過ぎなかったということを発見して終わるのだろうか。」（『荒れた海辺』荒木亨訳）

さらに、石垣島でロケしたという今村昌平の映画『神々の深き欲望』は、すさまじい処刑のシーンで観る者を凍りつかせる。二人だけで新しい生活に入るべく船で島を逃れる相愛の兄妹を村の一行が追いかける。掟による処刑のしるしとして、全員が祭儀に使う無気味な仮面をかぶり、そのなかには二人の弟もいる。船に追いつくと、彼らは兄をサメの群がる海に投げ込み、妹のほうは帆を張ったマストにしっかり縛りつけて放置し、いつまでも絶海にただよう運命を課するのだ。インセストそれ自体が極悪事であることに加えて、そこに共同体の秩序撹乱の罪が重なると、処罰はなおのこと苛烈になる。兄には島で起こった殺人事件の下手人の疑いがかかっているから、兄妹姦ばかりが原因ではないが。

インセストの周囲にはこのように、ほとんど本質的にといいたいほど、死のイメージがまとわりつく。インセストを行なうこと自身が、文化のシステムのなかでは死ぬことにひとしい。何も生み出すことができず、いつも人の目を避け逃げ隠れしなければならないばかりか、密室での愛の交換は母胎への退行に似る。インセスト行動は、ますます虚無感を湛えるだろう。

トーマス・マンの『選ばれし人』のきょうだいは言う。「死から、わたしたちは生まれた、わたしたちは死の子供なのだ。」ロレンス・ダレルの『マウントオリーヴ』（一九五八）では、パースウォーデン、どこか現実感覚に乏しく、盲目の妹を熱愛し、妹に捧げる詩も書く、あの文人肌のイギリスの外交官が自殺を遂げるのは、すべての虚しさの意識に耐えかねたからであろうか。「僕は疲れましたよ。生きている連中がよく言うように、死ぬほど疲れました」と彼は遺書に書く。「妹によろしく伝えてください。いつもお前のことを考えていたと。」（高松雄一訳）

それ以上に徹底したニヒリズムは、野坂昭如の「骨餓身峠死人葛」にみられる。家族あげての乱交の極、ついには一村が滅び去る物語である。人間が死に絶えたあとは、ただ死人葛《ほとけかずら》という名の、人間の死肉を養分とする奇怪な植物が繁茂するばかりだ。人間はひっきょう、こんな植物を養うためにしか生きていなかったのである。

澁澤龍彦はこれを「凄愴苛烈な」「逆ユートピア小説」と呼んだ。万事が不如意なこの村では、人の食糧とてこの死人葛のほかには無い。その植物を育てるには人が死ぬしかないという堂々めぐりのなかでは、救いは永久にありえないのだ。

インセストの含む死とニヒリズムの契機を、人間の根源的な悪の一つと規定したのが、エーリッヒ・フロムの『悪について』である。

日本でもよく読まれるこの著作で、ネオ・フロイト派の代表と目されるフロムは、インセスト的欲求のうちに「人間の防衛本能、自己のナルシシズムの充足、責任・自由・意識性に随伴する危険から逃れようとする渇望、無条件の愛への希求など」(鈴木重吉訳)を認める。これらはみな、人間を小さな自己のなかに閉じ込め、生を忌避して母胎への退行を促し、死と虚無への渇望を育てるものにほかならない。

フロムにとって、死を愛好すること(ネクロフィリア)、インセスト的共生、ナルシシズムの三者は、いわば絶対悪の三位一体であって、「衰退の症候群」を形づくる。「この症候群の人は実際に悪である。なぜなら彼は、生と成長に逆らって、死と無力の熱烈な賛美者であるからである。」

この点、ほかならぬヒトラーこそ、「衰退の症候群」にかかった代表的な人物だとフロムは考える。彼は死と破壊に深い愛着を抱き、きわめてナルシシスティックな人間なうえ、インセスト的な人物であった。フロムはその家族関係うんぬんより、同じ血を分けた民族や国民に対する狂信的な熱愛のうちに、ヒトラーのインセスト的性格を認める。だが、序章でみたように、ヒトラーにはインセスト擁護者との見方がつきまとっているのだ。フロムの主張はいっそう根拠を強めるだろう。

自閉行為としてのインセスト

確かに、フロムのいうように、実際の事例においても文学の世界でも、インセストの情熱は自分に近い者、自分をそこに同化できる者への愛着という特徴を多分にもつ。それは相互オナニーに似て一つの逃避であり、ナルシシズムであり、自閉現象である。

オットー・ランクは、親交のあったアナイス・ニンに説いて聞かせる。インセストとは、人間が他人と結びつくために払う数ある努力の一つにすぎない。「何らかの理由で他者との融合が困難になると、人はふたたび血縁という最も安易な関係、すでにでき上がっている関係に退行するのです。それは孤独を緩和する無数の方法の一つにすぎません。」(『アナイス・ニンの日記』原麗衣訳)アナイスは自分でもほぼ同じ考えを語っている。「生を享けて最初に結ぶ絆、最初にこもる密室、幼年期の情熱がみいだす最初の合一に対する忠実さ。」(同書)

ユング派のロバート・スタインもまた、近親性愛の問題の核心にあるのは「意識の誕生によって強制された個と個の分離と、自・他という二元性の成立以前の状況への復帰願望」だとみなした。それは「自分が原初的に一である状態 oneness に戻ること、つまり再び全体となることへの永遠のあこがれなのである」(『近親性愛と人間愛』)。

現実の事例でも、久保摂二は「兄との関係では、他の男性とのときほど恐くなかった」と打ち明けた女性のケースを引く。『百人の証言』には、娘を犯した、自閉症というより極度に被害妄想の父親もいれば、叔父に進んで身を任せた女子高生もいる。「相手が叔父だけに安心して思い切った行為ができた」と彼女は揚言するのだ。

インセストの観念に憑かれたバイロンにおいて、愛を感じられる唯一の相手はどこまでも自分に似た女でなければならなかったのだ、とマリオ・プラーツはいう。他の女の場合には、彼のように「己れの殻に堅く閉じこもった性格《たち》の男には、精神の同調《ユニゾン》に達するのに越えなければならない気質の違いという障害は、あまりにも高かったのである」(『肉体と死と悪魔』倉智恒夫ほか訳)。同じことがもう一人の自己中心的な詩人シェリーにもあてはまる、とプラーツは付け加える。

実際、文学の世界を見渡すと、インセスト主題と密接にかかわるのは、孤独で内省的、他人になかなか心を許せない小心な、あるいはプライドの高い人物が、精神的または肉体的に似通った近親者、主としてきょうだいを求めるという行動パターンである。エヴリン・ヘスｰフィンクはシャトーブリアンの「ルネ」を論じながら、共通の幼時を持つ者同士の結合を通じて、失われた「無垢」の回復が希求されているのだと説く(『フランス文学におけるインセスト主題の研究』)。

「ルネ」のほか、フランス文学でユグナンの『荒れた海辺』、ユルスナールの「姉アンナ…」など、このタイプに属する作品群には、ぜひサルトルの劇作『アルトナの幽閉者』を加えねばならないだろう。戦争体験の後遺症として、戦後のドイツの目撃者となることを拒否し、自らを密室に閉じ込めるのが大実業家の息子フランツである。そんな責任感の強い、むしろ思い込みが激しく多分に純粋志向の青年が、姉妹のレーニと愛を交わすのは何か自然な成り行きに思える。しかもレーニのほうでも、自尊心の強さが邪魔して、他の男とは「あれ」ができないと洩らす。「近親相姦はわたしの掟、わたしの宿命だわ。〔笑って〕ひと言でいってしまえば、それが家族の絆をひきしめるわたしの流儀なのよ。」（永戸多喜雄訳）

もともと、サルトルがインセストの主題にけっして無関心でなかったことを付記しておこう。自伝『言葉』で彼は妹を持たなかったことを悔いて「これが私の心をかき立てる唯一の肉親の絆である」とし、わざわざ注をつけて「こうした家族的絆における、愛の誘惑ではなく、むしろ愛することの禁止」（白井浩司訳）に、心惹かれると打ち明けている。

マルグリット・デュラスは自作の対話劇『アガタ』（一九八一）を解説していう。「二人は同じ血の人間です。二人は同じなのです。したがって、二人は離れることができません。同じ体のようなものなのですから。」（吉田加南子訳）私たちは先ほど、同様に一心同体、両性具有といえるほどの絆で結ばれた『特性のない男』のきょうだいをみた。考える必要もなくおたがいの言葉を理解できるほどにまで、二人は相手を自分のうちに感じていたのだった。

この小説を論じてフロランス・ゴドーが指摘したように、ウルリヒとアガーテのあいだには、インセストに陥った者によくあるナルシシズムの要素は乏しい。異性双生児たることを標榜したにもかかわらず、彼らにはおたがいへの依存も甘えもなく、二人してそれぞれの力を高める努力を怠ってはいない。トーマス・マンの短篇「ヴェルズンゲンの血」（一九五八）で、事実において異性双生児であるきょうだいが「甘い官能をもって愛しあい」、「しまいには互いに子犬のように唇でかみあう」（高橋義孝訳）ような関係にあるのと、およそ異なるのだ。

「双生児」であること、幸運にして不幸

『聖少女』の作者、倉橋由美子はインセスト主題の文学的効果について語り、「完全な同質性をおたがいのうちにみいだし、それにもかかわらず、〈悪〉をなすという意識によって電圧の高められた〈愛〉を共有しうるほどの、選ばれた共犯者同士の組合せ」（傍点は倉橋）を自分は好むとする。この立場からいえば、倉橋にとって「最高の組合せは双生の姉弟（兄妹）ということ」になる（「インセストについて」）。

また宮沢賢治は童話「双子の星」で、双生児という人間のあり方に強い関心を寄せる。さらに、作家ミシェル・トゥルニエは男性双生児を主人公とする長篇『メテオール（気象）』（一九七五）で、双生児の存在が神話的といってよいほど、高い次元の人間のあり方を示唆するのではないかと考えた。第三章でみたジークフリートの両親、双生児ジークムントとジークリンデの昂然たる愛を思い出してもよい。

しかし、多くの場合、分身といえるほど固く結び合った一人は、その強い愛のゆえにかえって危険をはらんだ状況に立つ。やはり異性双生児であるポーの「アッシャー家の崩壊」のきょうだいが、おたがいを貪り合いつつ破滅していったことについて、D・H・ロレンスはいう。「アッシャー家の兄と妹は、彼ら自身の内なる聖霊を裏切ったのだ。彼らは抵抗なしに愛し、愛しつづけて、果てまでも愛したいと願った。愛し、融け合い、一つになりたいと希った。それで互いに死の淵のなかに相手をひきずり落としたのだ。聖霊に言わせれば、他者と一体になってはならないからである。互いに自分を守らなければならない、一定の限界内でのみ心を通わせ合わねばならない。」（野島秀

勝『迷宮の女たち』による。傍点は原著者）

双生児であるとは、確かに、完全な相互理解と自己の伸張を可能にする、人間の一つの理想的なありようなのであろう。だが、それはまた多分に災厄の可能性をはらんだ関係でもあるのだ。「分身」についても、双生児、とりわけ異性双生児についても、昔から不吉なイメージがつきまといがちなのを、ここで思い合わせることができる。自分の分身を見た者は間もなく死なねばならない、との言い伝えもある。自己とその分身とはしばしば戦う羽目になる。オットー・ランクが『分身』で述べたように、「無気味な相手から力ずくで自由になろうとする衝動は、分身モチーフの本質的特徴の一つである」（有内嘉宏訳）からだ。

双子は多くの社会で「神の子」として尊ばれ多産・豊穣のシンボルとなる反面、忌避の対象にもなる。インドネシアのバリ島では、異性双生児は母の胎内でインセストを犯しているとされ、激しい嫌悪にさらされるという。日本の民間信仰でも一般に双子は喜ばれず、とくに「男女の双子は夫婦になりたがるといい、また心中者の生まれ替りとか、畜生腹といって忌まれた」（吉田禎吾「双子の習俗」『魔性の文化誌』）。もう一人の自分が存在するというのは幸運の反面、無気味にして恐ろしく、万物は個としてしか存在しないという自然（神）が課した大前提に違反するのであろう。

河竹黙阿弥の『三人吉三廓初買《さんにんきちざくるわのはつかい》』（一八六〇）では、吠え付く犬を殺した祟りで、異性双生児が生まれたのが悲劇の出発点である。父伝吉があわててその一人を川に捨てたのに、おとせ、十三郎の二人はのちに奇しくも再会、知らないまま夫婦の契りを結んでしまう。異性双生児は夫婦になるという宿命から、彼らはついに逃れられなかったのである。そのうえ、彼らは兄和尚吉三の手にかかって非業の最期をとげるのだ。

ある雑誌でインセストについて意見を求められた青年は、こんなふうに言う。「母と息子の相姦は母胎復帰願望であるし、兄弟姉妹のそれは自慰行為の変形だというけれど、本当はやさしさの問題じゃないのかな。他人とセックスするのはカマキリの例じゃないけれど、男と女の死闘という感じ。でも、よく知りあった近親同士はいたわりと慰めあいの美しい行為のように思えるからなあ。」

だが、近親者にして恋人同士という二重の関係は、それだけ愛情が濃くなるかもしれなくても、まさにその濃さのゆえにおたがいの食い合いも起こる。気心の知れた相手のなかに身を没しようとして、自閉と退行、すなわち「死」への渇望も助長される。分身や双子の周囲にマイナスのイメージが付着するのも、自分とばかり向き合うことで「生」の実感が奪われると昔の人たちも気づいていたからであろう。インセスト的人間関係のなかでは、「完全な人間的存在として他人を体験することがない」とエーリッヒ・フロムはいった。

先に引いたデュラスの『アガタ』で、愛しあう兄妹は「完璧な了解」がむしろ「とりかえしがつかない」ことだとみなす。確かに、くまなくわかりあえるという理想的な状態は、裏を返せば、自分から出ることができない、大きな不幸でもあるのだ。

私たちは第一章で古代エジプト王家の慣習にふれて、純血主義のわざわいをみた。個人のあいだであっても、どんなに「カマキリのような死闘」にみえようと、人間はやはり、他人をはっきり他人として捉えるダイナミズムのなかで生きるほかかない。

レヴィ＝ストロースがインセストタブーの成立を部族間の交換に求めたその発想は、人間一人一人の自立と交流というレベルに置き換えることもできるだろう。自立が行なわれるためには、何としても他人という契機が不可欠なのである。

気負いもなく、罪悪感もなく

私たちは本書で、人を駆ってインセスト行為に追いやる直接の動機には、詳しく立ち入らないでおく。多くの場合アルコールが引き金になるのは容易に察しがつくし、嫉妬や独占欲も自制心を失わせるだろう。また、近しい人の死とか戦争体験とか、心を波立たせる何かの変事が欲望に火を点けることも注意されてよい。

そんななかにあって、ごく日常的に、ほとんど成り行きだけで、家族と交渉を持ってしまい、しかもその関係が相当の長期に及ぶ事例が、けっして少なくないことについては、ここで触れずにすますわけにはいかない。こんな場合、深層心理はともかくとして、当事者自身としては、タブー侵犯の気負いも、罪悪感も、身を小さくして死の闇に閉じこもるとの退行の意識も無いのだ。

これまでにも引いた久保摂二の調査のなかには、この種の事例がいくつもある。まじめで、家庭環境もよく、むしろ勤勉実直といってよい兄妹が関係を持ち、子供まで作ったあと、行為が発覚。事態をうまく切り抜けたあと、二人とも過去を忘れて、今は明朗に働いているケース。高学歴の兄と、これも成績優秀な妹がごく自然に結ばれ、最初兄が言い寄ったとき、妹はむしろ喜んで応じたと述べているケース。久保によれば、後者では母のしつけの厳しさが多少関係していたかもしれないが、前者においては倫理観・家族関係・経済的な面のすべてについて、一家に問題は認められないという。

これも今までしばしば参照する機会のあった『百人の証言』からも、二、三の例をみよう。四十四歳の男性は三歳下の妹とともに実質的な夫婦の生活を営んで二〇年、世間が自分たちの秘密に気づき始めているとわかっても、二人とも「人生に対する後悔はもっていない」と言い切る。二十六歳の女性。自分の母と夫が結婚当初から関係してしまったことを知って途方に暮れる。しかもその二人は、彼女の困惑をよそに、自分たちの関係をほとんど当然とさえ感じている様子だ。三十歳の男性。高校二年のとき以来、現在五十二歳の母と関係をつづけたままでいる。おたがい、これがいちばん望ましい状態だと信じているのだ。

これらはむろん際立ったケースだとしても、久保の論文でも、『百人の証言』でも、全体として、後悔に暮れ、罪悪感に苛まれるほうがむしろ少ないことは認めなければならない。久保の調査に応じたり、あえて『証言』集に手記を寄せたりした人たちが、いわば確信犯のように「開き直り」を経ているという事情はあるかもしれない。それにしても、意外とみえようと、現実の場でインセストの一線は思いのほか容易に乗り越えられるのである。「インセストは死の匂い」であっても、文字通りの死に至る事例は実際にはとても見出しにくい。

久保摂二はインセストの事例研究を顧みて、それらが例外的な行為であるにもかかわらず、特殊・異常な原因が存在しないのがむしろ普通だと考える。「特殊な状況、特殊な病的な人格がその原因となったもののほうが少ないほど」なのである（「近親相姦に関する私の研究」）。インセスト行為が必ずしも当人の人格的な特質に関係しないことは、通常の性衝動の場合とさして違わないのである。

文学の世界で「自然な」インセストをテーマにした作品といえば、ロジェ・マルタン・デュ・ガールの短篇「アフリカ打ち明け話」が思い浮かぶ。作者が本人から直接、告白を受けた形での、主人公レアンドロとその姉アマリアとの四年にわたる愛の物語である。二人のあいだは終始何の躊躇も障害もなく進行し、男児ミケレまで生まれる。愛が終わるのは彼が戦争から帰ってきたとき、姉が他の男との結婚生活にすっかり安住していたからにすぎない。

その夫との子供として育てられるひ弱なミケレが病死することを除けば、姉弟ともども自然な、幸せな愛の体験をしたことになる。「こんなことは、おわかりでしょうが、ごく自然に起こるものなのですよ。考えてみれば、細部の成り行きをちょっとでもたどってみれば、とても単純だとさえ言えるのではないでしょうか。」「私は恥ずかしさの気持ちもなしに申します、デュ・ガールさん。私の人生で最も美しい四年間、唯一、本当に美しい四年間でした！」（注記すれば、作者の姓はマルタン・デュ・ガールであって、デュ・ガールではない。フランス人ではない語り手にこんな間違いをさせることで、作者は物語に真実味を添えようとしたのだ、との解釈がある）

ジードはこの小説が気に入った。いかにもジードらしくその「道徳についての静かなこだわりの無さ」を買ったのであった。ただ、彼にはミケレが病弱なのが物足らず、罪の子であってもすべからく健全であるべきだと主張して、作者マルタン・デュ・ガールとのあいだにしばらく論争が展開されることになる。

『チボー家の人びと』の作者としては、そこまで近親姦に肩入れするつもりはなかった。彼はむしろこんな物語を通して、人間心理の歪みを抉り出そうとしたのだといわれる。だが作者の意図がどうであれ、「アフリカ打ち明け話」は、当事者の知性および判断力の高さをも含めて、現に行なわれる近親姦の一面の、よき見本たることを失わない。

吉本隆明がいうのに、「〈原罪〉の意識にも〈利害〉にも関与しない漠然とした〈成り行き〉の領域に〈近親相姦〉の問題は横たわっている」。もともと、原初において、家族の共同性を持続しようとする強固な意志がインセストタブーを設定させた、とするのが吉本の立場である。違犯は反自然ではなく「自然過程」に属するから、「インセストに対する制裁は、ただ〈恥〉または〈世間体〉の思惑のなかに内在しているだけ」だということになる。

インセストタブーの起源を文化レベルに、とりわけ吉本のように家族の確立に求める限り、そこから洩れ落ちる違犯はますます「自然」だということになるだろう。ただ、違犯が本来的にそうであっても、永年のあいだ人々の心の奥底で受け継がれてきた禁忌の歯止めはどうなるか、との疑問は抑えきれないが。

あるいは、問題はタブーなるものへのスタンスの取り方にあるのかもしれない。イスラム教徒もユダヤ人も豚肉を食べない。これを口にしたところで、何ら現実上の障害は生じないのに。同様に、インセストタブーがどれほど人類一般に及んでいようと、肉親と交わったとて即、生命財産に危険が加わるわけではない。人間がふとある瞬間、何かの衝動に背中を押されて、あるいは生まれつきか環境かの働きで、性行動において、豚肉タブーをまったく意に介さないわれわれ異文化の住民のような位置に立つことがあっても、それほど異とするに足らないのかもしれない。

掟は破るためにある、などとよくいわれる。なるほど、破られる可能性の無い掟など作る意味は無い。人間社会につきものでありつつ、存在理由ですら今一つ不明確なところを残すのがタブーなる文化現象の特徴である。そんな不可解なタブーは、なおのこと、まるで侵犯されるために存在するかのような印象を与えるのだ。

家族間の性交渉が巨大な記号あるいはイメージの群がりに取り巻かれていることは、これまでにも言及する機会があった。それらの雲を吹き払い、実体そのものに還元するなら、ふつうの男女が日常的に行なっている行為と何ら選ぶところはなくなる。

『聖少女』には、「からだで媾わるということは自然すぎて、なんでもないのだ」とうそぶく人物が出る。ミシェル・トゥルニエは『聖霊の風』(一九七七)で、『メテオール(気象)』の出版のあと、この本を読んだ男性の一卵性双生児から受け取った、驚くべき手紙を引用している。

彼らは十五、六歳のころから「より密接に結合しようとして、能動と受動を交代しながら自由に性交」(諸田和治訳)したといい、あろうことか彼らは二人とも母親とも性的な関係を持ったのである。「家族同士で行なうこうしたささやかな秘密は、奇妙なことですがわれわれからまったく嫉妬感を消し去り、一種の仲間意識でわれわれを近づけたのです。十八歳まで、兄弟の間、母親と息子の間に成立する同族間の近親相姦的な形式によってしか、われわれは官能的な快楽を知りませんでした。」

一方では限りなく深刻にも悲劇的にも、もう一方ではいささかの心理的屈折とも無縁にもなるのが、おしなべて性行動一般の特性なのであろう。

それにしても私たちは、本書の終りへきて、これまで一度ならず発してきた嘆声を、今また繰り返さずにはいられない。——人間の欲望と性行動はこれほどまで多様にして深遠、人類最大のタブーですらこんなにも軽がると乗り越えられるのだ……。

終　章　インセストはなぜ悪なのか

わかりました。よく言いにくいことを言ってくれました。それですべての謎が解けました。それ以来のあなたの歴史は、すべてその一夜の記憶からのがれたい、正常な女に戻りたい、地獄から這い出したい、という一途の願望だったのですね。

——三島由紀夫『音楽』

容認論の数々

一九八一年九月二十日、フランスの『ル・モンド』紙に「最後のタブー（?）インセスト」という長文の記事が掲載されたことがあった。そのなかで著者アラン・ウッドローは、当時アメリカでインセストを積極的に擁護する動きのあったことを伝えている。アメリカ人の性行動の詳しい調査として有名なキンゼイ報告の協力者の一人、ウォーデル・ポメロイはインセストが必ずしも異常でも精神病の一形式でもないと認めるべき時がきたとする。子供と大人のあいだのインセストは、場合によって有益な効果を持ちうるというのだ。

もう一人の性科学者、ジェームス・W・ラメイはもっと進んで、今日、インセストへの人びとの態度は、ちょうど一世紀前、マスターベーションによって引き起こされた恐怖反応と同じだと考える。「もし家族のメンバーが家でもっと〈たがいに接触する〉習慣をつけるなら」と彼はいう。「現在、家庭の外で若者たちを蝕んでいる、これほどの性的活動の蔓延を見なくてすむだろう。」

もしインセストが完全に容認される社会があるとすれば、善悪未分化で、宗教も倫理規定も存在しない一種のユートピア、ちょうど十八世紀のディドロが『ブーガンヴィル航海記補遺』で描いてみせたような別世界においてであろう。タヒチの住民オルーのあまりに徹底して素朴な近親姦肯定論に、ヨーロッパ人の司祭は返す言葉もないのだ。

今の時代で、これに似て手放しの、かつ楽天的な性解放思想を探すとすれば、猛烈な性描写で鳴る作家ヘンリー・ミラー（彼はアナイス・ニンの親友であった）であろうか。澁澤龍彦は「近親相姦について」で、その『性の世界』から「もしそれで人間を解放することができるものならば、わたしは獣姦でも、公衆の面前での交接でも、近親相姦でさえも、すべて奨励していいと思う」という思い切った発言を引いている。殺人も含めて、それ自体の悪など存在しない、と彼は考える。間違っているのはただ「自己を実現するのを恐れること」なのである（もっとも、澁澤はこの本の私家版（一九四〇）を読んだらしく、公刊されたもの（一九五七）ではははるかにトーンダウンして、積極的なインセスト容認論は見出されない。「何だろうと、それ自体は間違ったことでも、悪いことでもない」（吉田健一訳）という立場は貫かれているが）。

これほど激越な主張を展開するまでもなく、インセストを擁護する論理は、説得的かどうかは別にして、その気になれば種々の観点から作り上げることができる。映画『背徳のささやき』で脳外科医の弟は、ぼくたちは同じ脳から出ているのだから何も不自然じゃない、と姉に迫る（公証人の姉のほうは、私たちにはそんなふうに生きる「権利」は無いのよ、と言い返す）。江戸時代中期の特異な思想家、安藤昌益はその「自然真営道」の立場から、人間本性の自然に従えばきょうだいが夫婦になったとしても何ら不思議ではないとみなす（氏家幹人『不義密通』）。いわゆる空想的社会主義のシャルル・フーリエもまた、長く危険視されて未発表のままであった晩年の大著『愛の新世界』で、傍系間の近親姦は自然に対する罪ではないとみなす。彼によればそれは「愛と家庭という二つの情動のアマルガム」なのだ。

インセストタブーが人類に普遍的なのと同様、近親姦是認の言説もまた時代と場所を問わないのだ。

前にも言及したサドの『悲惨物語』で主人公フランヴァルがまくし立てる議論は、インセストを擁護する論拠のいわば「定番」とみなしてよい。旧約のロトの先例になぜ倣っていけないのか。地上に人を殖やすために最初にインセストが必要だったとすれば、当時において悪ではなかったそんな行為が、今日どうして悪と呼ばれねばならないのか。「一層親しく結ばれてしかるべき絆が、ふたりを遠ざけねばならない理由になるのかね？」「彼女が私に似ており、私の血に繋がっており、そして最も烈しい愛情を培うべき原因をことごとく具えているがゆえに、私は彼女を冷たい目で見なければならないのかね？」（澁澤龍彦訳）

これも今までにふれる機会のあった、ジョン・フォードの『あわれ彼女は娼婦』の主人公、「ボローニャじゅうの知恵の奇跡」との異名をとる利発なジョヴァンニが修道士を相手に敢然と渡り合うのも、ほぼ同じ確信のもとである。「人間世界に伝わる／つまらないことば、因襲的な形式、つまり／兄と妹であるということが、永遠の幸せと／ぼくのあいだの障害にならねばならないのですか？」ぼくたちは同じ胎内に生をうけた。「だからこそぼくたちは、生まれながら／いっそう強く結ばれているのではないですか」「ぼくたちはつねに一つです、／一つの魂、一つの体、一つの愛、一つの心、一つのすべてです。」（小田島雄志訳）

現代の日本においても、社会通念の変化を見越して、もうすこし穏やかな形での認容論が無いわけではない。例えば、南博は母子インセストに必ずしも否定的ではないとする。母と子が魅力を感じあい、「互いに満足感があり、罪悪感が残らず、しかも一過性であることが理解されるのなら」、欲求不満が嵩じて暴力的な爆発に至るより危険は少ないのではないか、と彼は考える。南がいうような「心理的な後遺症が残らない」母子姦がどうすれば可能か、疑問なきを得ないが。

おおまかにいって、インセスト肯定の論拠は次の二点に集約できるだろう。家族間の性愛は人間の本性にも自然の原理にも背くものではないということ。および、家族愛が性的な親密さによって相乗・強化され、二重の絆が得られるということ。

ここに、ヘンリー・ミラーが主張するような人間の全面的な自由、さらに『失われた時を求めて』でシャルリュス男爵が説くたぐいの「愛すること」自体の価値、を加えると近親姦正当化の言説はほぼ尽くされたことになるだろう。プルーストの小説で、この気合の入った同性愛者は文脈上明らかに近親姦を念頭に置きながら、議論の余地なしとばかり言い切るのだ。「いや、人生にあって大事なのは、愛する対象ではなく、愛すること自体です」「愛の周囲にわれわれが引くあまりに狭い境界線は、人生についての大きな無知から来るのにすぎません。」

心の傷

これほどのインセストの是認、ときには称揚の言説に接して、私たちはどんな立場を固めればよいのであろうか。それでもなお家族間性愛が「悪」だとの論理を、どのように構築すればよいのか。それとも、この人類最後かもしれないタブーが抑止力を失っていくのに、一定の理解を示すべきなのであろうか。

これまでにもみたようにインセストをめぐって日本では最近、家庭内暴力の一環として、もっぱら父親による娘への性的虐待が論議を集めている。

父娘インセストが即、児童虐待と定義されるなら、それが悪であるゆえんは何ら議論の余地はない。何といってもこれは判断力の乏しい子供相手の、上下関係に便乗した権利濫用であり、自らの性欲を親の愛で糊塗しようとする陰湿にして卑劣な行為である。

年少者への性的虐待が悪にほかならないのは、年長近親者の横暴な行為そのものと同時に、あるいはそれ以上に、子供の心に深甚な傷痕を刻み付けるところにある。

子供への虐待の研究はこのところ急速に進んでいるから、今までわからなかった事実がいろいろと明らかになっている。長いあいだ原因がつかめなかった多重人格の第一原因の九五パーセントくらいが、性を含む子供時代の虐待にあると今では特定されたという。性的虐待の被害者の七〇パーセントに精神保健上の問題があり、うち二〇パーセントに非常に低い自己評価と自己概念の混乱がみられるという調査もある。忌まわしい体験をうまく意識内に統合できないいわゆる解離現象によって、解離性の健忘や遁走、離人症も生じやすい。さらに最近の研究は、性的被害の犠牲者は免疫機能に障害をきたし、病気に感染しやすくなることに注意を向けているという。被害の後遺症は心的領域にとどまらないのである（『子どもの虐待とネグレクト』誌に掲載の佐藤紀子の論文、そのほか）。

売春婦のうちには、子供時代に近親者から性的虐待を受けた者が多いことは、これまでも指摘された。彼女たちの四分の三が過去にそんな体験をしたとの調査も、五〇パーセントが父親とのあいだで最初の性関係を持ったとの統計もある。手痛い打撃を受けた娘たちはモラル感覚にひびが入り、性行為への真剣さが薄れるのであろうか。身体に染み付いてしまった汚れが痙攣のように反復され、その体験で定着したサド・マゾヒズム的関係が引き続いて反復されていくのだ、とロール・ラゾンは考える。一方、オットー・ランクは、男が売春婦を相手にする動機のうちには、娘に対する性的願望の転移が潜んでいるとみなす。売春（買春）とインセストとは、微妙に交錯するかに思える。

現実の事例でよくあるのが、子供のころ父や兄から性被害を受けた女性がその後、男性を忌避する傾向である。「男っていう生き物が信じられない」「男のからだがおぞましくて」……。男性アレルギーの結果、いわゆるレスビアンの道を歩むのが一つのパターンだとさえ思われる。同じことは、母と性関係を結んでしまった男性についても成り立つようだ。アンソニー・ストー（『性の逸脱』）は、息子から他の女性に近づこうとする気持ちを奪ってしまうところに、母息子インセストの主たる危険をみている。

男性の同性愛傾向がどのようにして形成されるか、いまだに定説をみないが、一つ有力なのは母親に原因を求めるフロイトの説である。同性愛に至る男の子は母親との強度の固着から彼女を理想化し、他の女を退けて心の母のイメージを守りつづける、というのが大筋でフロイトの考えである。となると、これは母と息子のあいだに性関係が成り立つプロセスとはなはだ近い。母子インセストが同性愛に横滑りしていくのは自然なコースだということになる。

オットー・ランクはオイディプスの伝説にしばしば同性愛のテーマが付随することを指摘し、同性愛に転じることがインセスト願望への防御の手段となることを論じている。極悪事たるインセストを避けて、悪の度合がまだしも低い同性愛が選ばれるのである。

文学作品でいえば、三島由紀夫の『音楽』は、かつて兄とのあいだに結んだインセストの関係から「音楽」が聞こえなくなった、つまり冷感症に陥った女性の物語である。

「精神分析における女性の冷感症の一症例」との副題のもとに、担当した精神科医の手記として明るみに出されていくのは、一方ではいつか「兄自身を自分の母胎へ迎え入れるために、その母胎を空けて」おこうとし、もう一方では「いいわ、きっといつか兄さんを矮小な赤ん坊に変えて私の子宮に押し込んでやるから」と願う、この成人女性の心の深部での屈折である。そんな好悪の両面感情から、彼女は強度の純潔志向に取りつかれたのだった。最後、彼なりの人生を歩んだ兄の今の生活を目の当たりにし（彼は妻を街娼として町に立たせ、自分は家で赤ん坊のお守りをしている）、もう自分の割り込む余地など無くなったことを実感するに及んで、彼女の心はようやくこだわりを解くのだ。

もともと、映画やテレビドラマが振りまく幻想に反して、相思相愛の理想的な男女関係など、そうそうあるものではない。いわんや、インセストのように厳重な禁止でガードされた行為の場合、自分では気がつかなくても、タブーをはねのけようとする力が内部でかなりの程度に達するであろうことは容易に想像がつく。納得づくであったとしても、そんな心の無理が知らず知らず奥底に沈殿していくことは十分にありうる。

そのうえ、インセスト欲動の根拠となるエディプス・コンプレックスという発想自体に、ずいぶんと強い暴力的な契機が前提となっているのだ。小此木啓吾がいわゆる「阿闍世コンプレックス」の思想に導かれていったのも、「近親相姦という性的な志向と共に、常に妨害者となる同性の親を排除しようとする衝動（父親殺し）つまり破壊的な志向」、「換言すれば、近親相姦は、同時にこのような破壊＝憎しみと不可分である、という認識」がフロイトの理論に内包されていることに満足できなかったからである（「フロイトにおける近親相姦論の展開」）。

もともと『音楽』でのきょうだい姦は、必ずしも虐待として発生したのではない。それであっても、その体験は女性の心にこれだけの痕跡を刻んだのである。インセスト擁護の主張は慎重になされねばならないだろう。

秩序破壊としての悪

船曳建夫がいうのに、「〈人を殺すなかれ〉が自らの社会のメンバーを失う不利な行為の禁止であるとすれば、インセスト・タブーは社会を閉じて消滅の危険にさらす不利な行為の禁止であり、社会関係を現在の人類社会にまで発展させることを可能にした、プラスの要請であった」(『文化人類学キーワード』)。レヴィ＝ストロースふうの交換理論に立つなら、インセストが悪とされなければならないゆえんは、おのずから明らかである。

一方で、家族内部での性的な嫉妬・競争・憎悪の防止からインセストタブーが発生したとするフロイトの説も、十分に説得力を持つ。性衝動という扱い方いかんで巨大な猛威をふるいかねない力から家族を守ること、せめて家庭だけはそれに対抗しうる聖域あるいは安全地帯とすること、これもまた人類が考え出した英知とすべきであろう。

また例えば父と娘のあいだ、母と息子のあいだに性関係が生じたとすれば、その娘や息子ばかりでなく、他の子供たちにも悪影響を及ぼす。彼らの発達は阻害され、家庭の秩序は撹乱される。子供たちは、両親というはっきりした「役割模範《ロール・モデル》」なしに成長しなければならない。インセストの当事者が誇らしげに発する「きみはぼくの妹にして妻」といった叫びも、見方を変えれば家族役割の混乱以外ではないのだ。

このように、社会的な立場からするインセスト禁止論は明快にして説得的、反論の余地はまったく無い。だが、明快である分、これが個々の行為の発生に対して十分な歯止めとなりうるかどうか、やはり別の問題である。なにぶん、相手は性衝動という本能と重なり、理性の統御も及びにくい盲目の力なのだ。

問題を困難にするのは、冷静に考えて、インセストの関係がときには、その人の心に有利な効果をもたらしもするという事実である。外からはどんなに淫靡・醜悪と見えようと、身をひそめて行なわれる家族間の性関係から、力づけと恵みさえ受け取る人たちの存在することを、私たちは本書で何回か知る機会があった。ともかくも、これは「愛」の一形式ではありうるのだ。

あのスイス映画『山の焚火』では、耳も口も不自由な少年は姉との関係が出来てから、物怖じしたところがなくなる。生気を回復して、より人間らしくなる。ドイツの作家マックス・フリッシュの『アテネに死す』（原題『ホモ・ファーベル』一九五七）の主人公、それこそ「ホモ・ファーベル」として数字と確率だけの世界に住んでいた技術者は、意図せずに犯してしまった娘とのインセストがもとで生の深淵に目を開かれた思いを味わう。技術だけから導かれた人生観が何ら有効でないことに思い至るのである。

こんなのは、殺人や盗みが時には有益な働きをする（ように見える）のと同じかもしれず、だからといってインセストが是認されてよいことにはならない。だとしても、性意識も、家族のあり方も、本当に一律な論断はできない。唾棄すべき侵犯者たちのうちには、少なくとも当人の意識において、れっきとした愛情に駆られて行為に及んだ人もいるかもしれない。第四章でみたミシェル・フーコーのように、家族という人間結合には、もともとインセストの欲望をかきたてる要因が内在しているとする見方さえあるのだ。

私たちは、インセストを一個の「文化現象」として広角的に理解するのを本書の目的とした。家族間の性関係が、思いがけず多様な形をとって人間活動のあちこちに染み渡っているのを知った今では、これは頭ごなしに断罪してすむほど容易な問題だとは思えない。

もしそれが本来的に「悪」であるとしても、そういう悪を内在したものとして人間を捉えるしかないであろう。もともと性衝動という幽暗の大陸を抱えて生きるのが人間の宿命であり、その一角がインセスト願望で占められているのは否定のしようもない。それに、性衝動には多少とも暴力性がつきものだとしても、家族のあいだだからこそ優しさが加わる場合があると考えて間違いになるわけではないのだ。

「尊厳」あるいは「畏怖」

五島勉の『近親相愛』に、十三歳の女子中学生が寄せたこんな訴えが出ている。両親は交通事故で相次いで世を去った。今は、賠償金と叔父たちのくれるお金で、高校二年の兄と二人暮らしをしている。夜は並んで寝るが、さびしくてならず、兄にしっかり抱きつく。パパとママがしていたように、キスすることもある。そんなときだけ悲しさを忘れられる。そして安心できる。私は何か悪いことをしているのでしょうか。

「これはどうしても悪なんだ、けっして踏み込んではいけないよ。」「いつか後悔することだってある、危ない橋は渡らないほうがいいんだよ。」「そんなに思うのなら、少しなら……。」いろんな答え方がありえても、この少女をうまく納得させるのは至難のわざであろう。

突き詰めていけば、「理由なんかないのが〈悪〉の〈悪〉たるゆえん」であって、「それは要するに〈社会が禁じたこと〉、〈反社会的なこと〉」(倉橋由美子「インセストについて」)に尽きるのかもしれない。人間のなすすべてについて、個々の行為を思いとどまらせるような究極の論拠など存在しないのかもしれない。

　また、インセストが悪たるゆえんを、それほど躍起になって立証しようとするまでもない、ということもできるだろう。詳しい数値はわからなくても、これが飛躍的に増大して社会の存立を危うくするということはまずない。タブー意識が簡単に消失するとも考えられず、一定量の嫌悪感は人間の心につねに残るだろう。密室で何が起こっても防ぎようはなく、昨夜、肉親と関係を持った男であっても、きょう会社でまじめに働いておれば、社会として何も目くじらを立てなくてよい、ということになるのかもしれない。

　第二章でインセストタブーの起源を論じたとき、結論として人間の「尊厳」に言及した。前章では、インセスト行為の持つ「死」にもつながる自閉的・ナルシシズム的な契機について語った。インセストが最も基本的なところで「悪」とされるべきは、結局のところ、きわめてあいまいな言い方ながら、そこには人間から人間らしさを奪う要素がどうしてもつきまとうからだ、と考えるのが妥当ではないだろうか。倉橋由美子の『聖少女』には、「近親相姦のタブーがなかったら、人間は精神的荒廃を自己増殖してとっくに滅びてしまっていただろう」と言い切る人物が出る。

　野坂昭如といえば、いくつもの小説で近親性愛の図絵を描いてきた作家である。その彼が今の時代、インセストタブーはもはや成立しないとみなしつつも、父が年端のいかぬ娘を、母が色気づいてきた息子を相手に欲望を充たすのは「要するにみっともない、いやしい行為である、だから、我慢する」と納得すべきだと考えているのだ。「願望は自由だが、そのあからさまな表明は、この上なくみっともないと知るべきであろう。」(「インセストタブー」)

また宮本輝は、もしかして血縁の間柄かもしれない愛する男女の不安を描いた小説『焚火の終わり』で、主人公に言わせている。「昆虫は、兄妹でも交尾する……。昆虫には理性がないから。近親相姦を罪悪とするのは、遺伝学による法則だけやのうて、理性を捨てることへの恐怖とか侮蔑かもしれへんね。」

家族間性愛については、大まかな擁護論が正しくないのと同様、全面的な敵視もまた当を得ない。どうしてもこの道を進もうとする人は引き止めようもなく、家族同士の交わりから何らかの「恵み」が得られることだってあるかもしれない。しかし、それであっても、どうしても心に留めておく必要はあるだろう。——これが、本来はなされるべきでない行為であり、これに身を委ねるうえは、多分に危険を覚悟せずにはすまないこと。それも心の外傷ばかりでなく、人間性からの下落あるいは退化という深部での負い目の意識が問題なのであること。そしてさらに、インセスト行為がプラスとして機能するとすれば、それはこのようなリスクと表裏一体なのだということ。

インセストが悪たるゆえんはなかなか説得できないにしても、奥深く盲目な性衝動に対しては、理性にもとづく社会レベルの制止論に比べて、その人の「誇り」ないしは「美意識」に訴えるほうがまだしも有効ではないかと思える。そして、あの十三歳の少女に向かってはやはり、制止に努めるのが筋ではないだろうか。今は未熟な彼女も、いつか理解する日がくるかもしれない。

本書を準備しているとき、たまたま、書店で坂宮あけみという作家の『インセストタヴー』（一九九八）なる小説をみかけた。何の屈託もない、あけっぴろげの父娘姦の物語である（それにしても、なぜタ「ヴ」ーなのだろうか）。きっとこれに似て、あっけらかんとしたインセスト物語や、母息子姦・きょうだい姦が日常茶飯事にされてしまった手記・告白のたぐいが、私たちの知らないところであちこちに流布しているのであろう。

注意していいのは、これらの作品が奇妙に現実感を欠き、大して迫力も持たないことである。確かに、罪悪感もなく、はずみのようにして起こるインセスト行為があることはある。しかし、ほんらい性行動には、畏怖と抑制をもって語られることでかえって迫真性を増すという逆説的な特性が宿る。まして家族間の性愛は、おもしろおかしく語ると、たちまち作り物めいてしまわざるを得ないのだ。

先にみた『音楽』の麗子は兄との関係が出来たとき、「人間の性のいとなみ、愛のやさしさの中にひそむ、或る神聖不可侵な本質をこの獣行を通じて感じ」取る。『焚火の終わり』の主人公は、もしかしてきょうだいかもしれない女性と愛を交わしたあと、「あの快楽の周辺には妙におごそかなものが漂っていた」との感慨を得る。

インセストに身を委ねるかどうか、最終的にはその人の意志によるというしかない。ただ、最低限、絶対に、遊びにだけはすべきではないであろう。これが遊びに化すると、もう人間は動物以下の低きに転落するほかはない。序章で引いたD・H・ロレンスのエッセイをもう一度援用するとすれば、「あらゆる肉体行為において、精神はたちおくれを取り戻さねばならない」のである。

家族を性愛の対象にするとは、人間たることから上方、あるいは下方に逸脱することだ、と本書で何回か繰り返した。人間とは、なかなか人間たることに安住できない「哀れな」存在なのかもしれない。一方ではやたらと神と絶対者を気取りたがり、もう一方ではけだものに成り下がることを辞さない。自分で作ったタブーを自分の手で打ち壊し、無限に自分を乗り越えつつ、どこまでも自分を破壊へと導くのだ。インセストについて長々と調べを進めてきた結論は、平凡ながら、このような人間の不可思議さ、その自己矛盾である。

もしかしてインセストタブーに揺らぎが見え始めたかもしれない今、私たちに求められているのは、人間においていかにインセストへの誘惑が大きいかを見定めたうえで、いたずらに恐れたじろぎも、平俗な行為に還元もしない冷静さであろう。

本当にそれは、哀しみとともに、衿を正して直視すべき人間の深淵なのである。

あとがき

いつのころからか、正統より異端、メジャーなものよりマイナーなものに心惹かれ始めた。中世南フランスの異端運動「カタリ派」について一冊の本を書き、マルセル・プルーストに即して二冊の著書で同性愛を論じた。そして今、いわゆる近親姦をテーマにもう一つの著作を世に出そうとしている。

人間社会で良識とされる範囲からはみ出るもの、狂気にも異常にも境を接するものに、これほどこだわるのを後ろめたく思う気持ちは心を去らない。家族間の性愛のような、人が強く秘め隠す行為は存在しないことにしておくのが、それこそ「良識」ある態度なのかもしれない。しかし、「負」の部分を含めて、むしろ「負」の部分を核として、人間は成り立っているのだ。人が目を向けたがらないそんな暗い部分が、反転して、個人ばかりか、社会の広範囲に及んで猛威をふるうことはけっして珍しくない。

近親姦についていえば、これまでずっと、家庭内暴力の一環として位置付けるか、タブー形成の観点で論じるか、そうでなければ秘密暴露の好奇心に訴えるか、のほぼ三つが主たる関心の持ち方であった。それぞれの立場で書かれたものに目を通すにつけ、ときに啓発され、あるいは興味をそそられる反面、しばしばもどかしさに駆られるのを感じた。これほど問題性に富んだ人間行動を、もうすこし正面から人間の「文化」と「精神」のあり方として扱うことができないものだろうか。

本書に多少の自負があるとすれば、思い切って包括的な視点に立つとともに、可能な限り、広義の「宗教性」への目配りを試みたことだろうか。近親姦ごとき忌まわしい所業に落ち込んでいく人間の「哀れさ」に心を奪われたのが、このテーマに手を染める最初のきっかけであった。もともとタブー意識と宗教感情とは切り離すことができない。それにまた「性」は、宗教諸派にとっていちばん避けて通れず、最も対応の困難な問題であろう。性衝動を発条として、人間はさまざまの奇怪な行動に出る。同様に、性現象にどんなスタンスを取るかによって、異様きわまる教義を振りかざす宗派だって出現するのだ。

広角的な視点を標榜したからとはいえ、インセストが及んでいく広汎な問題点に導かれ、それらのおもしろさに引きずられて、ずいぶんと手を広げてしまった。間口が広いわりには奥行きが浅い、との批判はありうるだろう。問題系の多彩さや輻輳ぶりを浮き彫りにするだけでも意味があるのだ、と答えたのでは開き直りが過ぎるだろうか。また言及した論点によっては、専門のかたがたからみて、きっと不備や遺漏は多々あるだろう。筆者としてはむしろ、それらの不備あるいは難点をきっかけとして、このテーマをめぐる新しい議論が展開されるのを期待したい気持ちでいる。

なお、筆者は本書を準備する過程で二つの論文を発表した（「インセストタブーと宗教」『関西福祉科学大学紀要』第三号、「インセストタブーの起源について」同、第四号)。どちらも本書に再録するにあたって、大幅な加筆・改訂を加えている。

最後に、文学研究にこれまで細々とでも関わってきた者の感想を一言。世の中、インセストを主題とする文学作品がいかに多く、それらがときにはどれほどの意味作用と衝迫力を発揮するか、今回の仕事を通じて目を開かれる思いであった。本書で積み残したデータをもとに、「もう一つの恋愛論」とも「禁忌の拘束と人間行動」とも題せるインセスト文学論を、筆者はできれば早い機会にまとめたいと願っている。

人文書院の編集部長、谷誠二氏はいち早くこの本の意図するところに関心を寄せられ、刊行までずっと万般に及んでご尽力くださった。ここに記して、あつく御礼を申し上げる。

二〇〇一年秋

原田　武

人名索引

著者の名前が文面に出ていなくても、その著作への
言及がある場合は、ページの番号を斜体で示した

さ 行

た　行

な　行

は　行

ま 行

や　行

ら　行

わ　行

主な参考文献

◆**インセスト一般**

Françoise Héritier et al. : *De l'inceste*. Editions Odile Jacob, 1994.

Jacques-Dominique de Lannoy et Pierre Feyereisen : *L'inceste*. 《Que sais-je ?》, P. U. F., 1998.

Laure Razon : *Enigme de l'inceste*. Denoël, 1996.

Alain Woodraw : 《L'inceste dernier tabou ? 》, *Le Monde*, 20 septembre 1981.

南博『家族内性愛』朝日出版社、1984

◆**タブー形成**

フィリップ・トーディ『タブーの事典』井上廣美訳、原書房、1998[1997]

山内昶『タブーの謎を解く』ちくま新書、1996

吉本隆明『書物の解体学』中公文庫、1981

デイヴィッド・H・スペイン「インセストの三つのタブー」米塚真治訳、1988、『イマーゴ』1990年2月号、青土社

有地亨「近親相姦禁止の社会的意義」、『現代思想・総特集近親相姦』青土社、1979年5月

岸田秀「近親相姦のタブーの起源」、同上誌

◆**性問題**

アンソニー・ストー『性の逸脱』山口泰司訳、理想社、1985[1964]

ミシェル・フーコー『性の歴史』、第1部『知への意志』渡辺守章訳、新潮社、1986[1976]、第2部『快楽の活用』田村俶訳、1986[1984]

ジョルジュ・バタイユ『エロティシズムの歴史』湯浅博雄・中地義和訳、哲学書房、1987[1976]

ジョン・マネー、パトリシア・タッカー『性の署名』朝山新一ほか訳、人文書院、1979[1975]

佐々木敏裕『SEX をめぐる24の謎』学陽書房、1998

原田武『プルーストと同性愛の世界』せりか書房、1996

松園万亀雄編『性と出会う』講談社、1996
ヘンリー・ミラー「性の世界」吉田健一訳、1957、『ヘンリー・ミラー全集』第12巻、新潮社、1967
D・H・ロレンス「『チャタレイ夫人の恋人』にことよせて」、『性・文学・検閲』福田恆存訳、新潮社、1956

◆実態調査・手記・告白・ルポルタージュ

ブレア・ジャスティス、リタ・ジャスティス『ブロークン・タブー』山田和夫・高塚雄介訳、新泉社、1980[1979]
荒川和敬『こちら性の悩み110番』双葉社、1982
川名紀美『密室の母と子』潮出版社、1980
近親相姦研究所編『禁じられた体験——近親相姦研究所レポート』二見書房、2000
五島勉『近親相愛』海潮社、1972
高橋睦郎監修『禁じられた性——近親相姦百人の証言』潮出版社、1974
溝口敦『性の彷徨者たち』晩聲社、1982
大島清「男が逸脱するとき」、『イマーゴ』1990年2月号、青土社
大慈彌俊英「近親相姦の日米比較」、『婦人公論』1980年7月号
久保摂二「近親相姦に関する研究」、『広島医学』第5号、1957
久保摂二「近親相姦に関する私の研究」、『潮』1972年3月号
今東光「愛すればこそ——谷崎が明かした有名文士の近親相姦」、『週刊小説』1975年4月4日号
沢木耕太郎「おばあさんが死んだ」、『人の砂漠』新潮社、1977
滝野功「禁じられた性——日本人の近親相姦・近親相愛」、『日本人の深層分析』第3巻『エロスの深層』有斐閣、1985
田原総一朗ほか「新事実・金属バット殺人母子相姦説を追う」、『潮』1981年6月号
津川武一「〈骨肉の姦〉を犯した一家」、『週刊新潮』1960年1月18日号
我妻洋「アメリカの近親相姦」、『サイコロジー』19号、1981

◆性的虐待

ジュディス・L・ハーマン『父－娘 近親姦』斎藤学訳、誠信書房、2000[1981]
スーザン・フォワード、クレイグ・バック『近親相姦・症例とその分析』佐藤亮一訳、河出書房新社、1981[1978]
池田由子『汝わが子を犯すなかれ——日本の近親姦と性的虐待』弘文堂、

1991
谷口優子『尊属殺人罪が消えた日』筑摩書房、1987
山口遼子『セクシャル・アビューズ』朝日文庫、1999
石川義之「インセスト的虐待の現状」、『現代のエスプリ』388号『性の諸相』至文堂、1998
斎藤学「虐待の記憶：児童期性的虐待とサバイバー」、『子どもの虐待とネグレクト』第2巻第1号、2000年7月
佐藤紀子「日本における子どもへの性的虐待」同上誌
南博「家族内性愛の危機」、『婦人公論』1984年10月
吉武輝子「母よ、息子に手を出すな」、『婦人公論』1979年10月
渡辺圭「汝の娘を犯すな」、『文藝春秋』1982年1月

◆心理学・精神分析

Françoise Dolto : *Au jeu du désir*. Editions du Seuil, 1981.
ロバート・スタイン『近親性愛と人間愛』小川捷之訳、金剛出版、1996［1973、1984］
フロイト『精神分析入門』懸田克躬・高橋義孝訳、1916-1917、『フロイト著作集』第1巻、人文書院
エーリッヒ・フロム『悪について』鈴木重吉訳、紀伊國屋書店、1965[1964]
ブライアン・マスターズ『人はなぜ悪をなすのか』森英明訳、草思社、2000[1996]
オットー・ランク『分身』有内嘉宏訳、人文書院、1988[1914]
河合隼雄『母性社会日本の病理』講談社、1979
中西信男『ナルシズム』講談社現代新書、1987
小此木啓吾『日本人の阿闍世コンプレックス』中公文庫、1982
Boris Cyrulnik :《Le sentiment incestueux》in Françoise Héritier et al.： *De l'inceste*.
Aldo Naouri :《Un inceste sans passage à l'acte》ibidem.
フロイト「性欲論三編」懸田克躬・吉村博次訳、1905、『フロイト著作集』第5巻
フロイト「トーテムとタブー」西田越郎訳、1913、『フロイト著作集』第3巻
小此木啓吾「フロイトにおける近親相姦論の展開」、『現代思想・総特集近親相姦』
小田晋「性の社会化の挫折」『岩波講座・精神の科学』第5巻、1983

片岡啓治「近親相姦の心理分析」、『現代のエスプリ』239号『性と愛の異常性』至文堂、1987
河合隼雄「象徴としての近親相姦」、『中空構造日本の深層』中公文庫、1999

◆社会学・文化人類学・民俗学

ウェスターマーク『人類婚姻史』江守五夫訳、社会思想社、1978[1926]
メルフォード・スパイロ『母系社会のエディプス』井上兼行訳、紀伊國屋書店、1990[1982]
マードック『社会構造』内藤莞爾監訳、新泉社、1978[1949]
マリノウスキー『未開社会における性と抑圧』安部年晴・真崎義博訳、社会思想社、1972[1927]
マリノウスキー『未開人の性生活』泉靖一ほか訳、新泉社、1978[1929]
クロード・レヴィ－ストロース『親族の基本構造』2冊、馬渕東一・田島節夫監訳、番町書房、1977［1949、1967］
ローウィー『原始社会』河村只雄ほか訳、未来社、1979[1920]
ロジェ・カイヨワ『人間と聖なるもの』塚原史ほか訳、せりか書房、1994[1939]
石田英一郎『桃太郎の母――ある文化史的研究』講談社、1955
今村仁司『交易する人間』講談社選書メチエ、2000
上野千鶴子『女は世界を救えるか』勁草書房、1986
後藤源太郎『近親結婚と母系制』日本放送出版協会、1975
橋爪大三郎『はじめての構造主義』講談社現代新書、1988
本田和子『子別れのフォークロワ』勁草書房、1988
山下晋司・船曳建夫『文化人類学キーワード』有斐閣、1997
吉田禎吾『魔性の文化誌』みすず書房、1998
デュルケーム「近親婚の禁止とその起源」1898、『デュルケーム家族論集』小関藤一郎訳編、川島書店、1972
フーリエ「愛の新世界（抄訳）」浅田彰・市田良彦訳、1817－1819、『GS Ⅰ』冬樹社、1984
今西錦司・小松左京・米山俊直（座談会）「家族と近親相姦――タブーと社会」、『展望』1971年10月号
片岡啓治「インセストの現実と社会病理」、『現代のエスプリ』別冊『現代人の異常性――性と愛の異常』至文堂、1976
柳田國男「妹の力」、『柳田國男全集』第11巻、ちくま文庫、1990

◆神話・宗教・錬金術
ヨハンネス・ファブリキウス『錬金術の世界』大瀧啓裕訳、青土社、1995[1983]
岡田明憲『ゾロアスターの神秘思想』講談社現代新書、1988
倉塚平『ユートピアと性——オナイダ・コミュニティの複合婚実験』中公叢書、1990
竹下節子『カルトか宗教か』文春新書、1999
辻由美『カルト教団 太陽寺院事件』みすず書房、1998
原田武『異端カタリ派と転生』人文書院、1991
藤巻一保『真言立川流——謎の邪教と鬼神ダキニ崇拝』学研、1999
正木晃『密教の可能性』大法輪閣、1997
真鍋俊照『邪教・立川流』筑摩書房、1999
宮内勝典『善悪の彼岸へ』集英社、2000
吉田敦彦『神話と近親相姦』青土社、1993
フロイト「強迫行為と宗教的礼拝」山本厳夫訳、1907、『フロイト著作集』第5巻
井本英一「ゾロアスター教」、『輪廻の話——オリエント民俗誌』法政大学出版局、1989
樺山紘一「自由心霊派異端について」、『異端運動の研究』京都大学人文科学研究所、1974
西郷信綱「近親相姦と神話——イザナギ、イザナミのこと」、『古事記研究』未来社、1973
種村季弘「錬金術と近親相姦」、『ユリイカ・総特集エロティシズム』青土社、1971

◆家族問題
大日向雅美『母性愛神話の罠』日本評論新社、2000
河合隼雄・谷川俊太郎・山田太一『家族はどこへ行くのか』岩波書店、2000
岸田秀『母親幻想（改訂版）』新書館、1998
鶴見俊輔・浜田晋・春日キスヨ『いま家族とは』岩波書店、1999
澁澤龍彦「母性憎悪あるいは思想の牢獄」、『澁澤龍彦全集』第1巻、河出書房新社

◆動物行動
ジェーン・グドール『野生チンパンジーの世界』杉山孝丸・松沢哲郎訳、

ミネルヴァ書房、1990[1986]
カール・セーガン、アン・ドルーヤン『はるかな記憶』2冊、柏原精一ほか訳、朝日新聞社、1994[1993]
ヘレン・フィッシャー『結婚の起源』伊沢紘一・熊田清子訳、どうぶつ社、1987[1983]
ノルベルト・ビショッフ『エディプスの謎——近親相姦回避のメカニズム』2冊、藤代幸一ほか訳、法政大学出版局、1992[1985]
今西錦司『人間社会の形成』1966、『今西錦司全集』第5巻、講談社
山極寿一『家族の起源』東京大学出版会、1994
高畑由紀夫「インセストをめぐる迷宮——サルとヒトとの〈性〉の接点」、須藤健一・杉島敬志編『性の民俗誌』人文書院、1993

◆遺伝

ジャン・ロスタン『人の遺伝』寺田和夫訳、文庫クセジュ、白水社、1955
田島弥太郎・松永英『人間の遺伝（改訂版）』NHKブックス、1978
田中克己「遺伝学からみたインセスト・タブー」、『現代思想・総特集近親相姦』

◆文学

Bertrand d'Astorg : *Variations sur l'interdit majeur : littérature et inceste en Occident*. Gallimard, 1990.
Evelyn Hesse-Fink : *Etudes sur le thème de l'inceste dans la littérature française*. Editions Herbert Lang, 1971.
Otto Rank : *The Incest Theme in Literature and Legend*. English-Language Edition, The Johns Hopkins University Press, 1992 [1912] .
マリオ・プラーツ『肉体と死と悪魔——ロマンティック・アゴニー』倉智恒夫ほか訳、国書刊行会、1986[1966]
マルト・ロベール『起源の小説と小説の起源』岩崎力・西永良成訳、河出書房新社、1975[1972]
江藤淳『成熟と喪失——「母」の崩壊』講談社文庫、1978
小池滋『ゴシック小説をよむ』岩波書店、1999
野島秀勝『迷宮の女たち』河出文庫、1996
矢川澄子『「父の娘」たち——森茉莉とアナイス・ニン』新潮社、1997
米山正信『文学作品に学ぶ心の秘密』誠信書房、1985

Florence Godeau : 《L'inceste adelphique : T. Mann, R. Martin du Gard et R. Musil》, in *Littérature et interdits*. Presses Universitaires de Rennes, 1998.
Isabelle Krzywkowski : 《Entre tabou et idéal : l'inceste fin de siècle》 ibidem.
立川昭二「宮沢賢治」、『病いの人間史』新潮社、1989
原田武「作家にとって母とは何か——プルーストと母子相姦の幻想」、『関西福祉科学大学紀要』第 2 号、1999

◆エッセイ

倉橋由美子「インセストについて」、『わたしのなかのかれへ』講談社、1970
澁澤龍彦「近親相姦について」、『澁澤龍彦全集』第 6 巻
澁澤龍彦「インセスト、わがユートピア」、『澁澤龍彦全集』第12巻
澁澤龍彦「近親相姦、鏡のなかの千年王国」、『澁澤龍彦全集』第17巻
清水邦夫「近親相姦、わが日本的風土」、高橋睦郎監修『禁じられた性——近親相姦百人の証言』
高橋睦郎「怪談的風景からの逃走——母子相姦から父子相姦へ」、『展望』1971年10月号
野坂昭如「インセストタブー」、『姦の研究』講談社、1988
花村萬月「幸福な母たちへ」、『婦人公論』1999年 7 月号
古屋芳雄「秋葱の根」、『文藝春秋』1955年 4 月号
水上勉「あさましく生きる時代」、『潮』1972年 3 月号

◆そのほか

氏家幹人『不義密通——禁じられた恋の江戸』講談社選書メチエ、1996
新倉俊一「中世における〈近親相姦〉伝説」、『ヨーロッパ中世人の世界』筑摩書房、1983

著者略歴

原田　武（はらだ・たけし）

1933年生まれ。現在、関西福祉科学大学教授、大阪外国語大学名誉教授。専攻はフランス文学。

著書に、『異端カタリ派と転生』（人文書院）、『プルーストと同性愛の世界』（せりか書房）、『プルーストに愛された男』（青山社）など。

訳書に、ジュリアン・グリーン『アシジの聖フランチェスコ』（人文書院）、同『信仰の卑俗化に抗して』（青山社）など。

JIMBUN SHOIN Printed in Japan.
ISBN4-409-24065-X C3036

インセスト幻想《げんそう》
——人類最後のタブー

二〇〇一年一一月二〇日　初版第一刷印刷
二〇〇一年一一月三〇日　初版第一刷発行

著　者　原田　武
発行者　渡辺睦久
発行所　人文書院
〒六一二-八四四七
京都市伏見区竹田西内畑町九
電話〇七五・六〇三・一三四四
振替〇一〇〇〇-八-一一〇三

印刷　創栄図書印刷株式会社
製本　坂井製本所

落丁・乱丁本は送料小社負担にてお取替いたします

http://www.jimbunshoin.co.jp/